平凡中的力量

北京榜样主题活动五周年人物风采录

中共北京市委宣传部
首都精神文明建设委员会办公室

人民出版社

《平凡中的力量——北京榜样主题活动五周年人物风采录》编写组

特约编辑　（按姓氏笔画排序）

王秀林　孙　旭　孙毅刚　杜维伟　沈　悦　张　程

张新建　苗玲玲　林郁毅　林春富　赵升云　夏　青

曹志铜　章　培

创意策划　北京艺品联盟文化传媒有限公司

代序一

中宣部授予“北京榜样”优秀群体“时代楷模”称号

（2019年2月20日）

为深入推进社会主义核心价值观建设，自2014年以来，北京市持续开展北京榜样学习宣传活动，推出了一大批立得住、叫得响、传得开的榜样人物。北京榜样优秀群体，就是这些人物中事迹厚重、影响较大的50位年榜荣誉获得者。他们有的勇攀科技高峰，致力关键核心技术自主创新，在重大科技领域实现原创性突破；有的扎根城乡基层，服务一方百姓，办了许多暖民心、解民忧的好事实事；有的身残志坚，以永不言弃的精神拼搏奋斗，在人生的赛场上取得了骄人成绩；有的见义勇为，危急时刻挺身而出，用大无畏的行动保护了国家和他人生命财产安全；有的热心社会公益，积极参加岗位学雷锋和志愿服务，用爱和奉献帮助了群众、温暖了京城。这些源自基层、植根平凡、充满正能量的榜样人物，用实际行动深刻诠释了习近平总书记提出的首都市民“热情开朗、大气开放、积极向上、乐于助人”的优秀品质，生动展示了社会主义核心价值观建设的实际成效。

近一段时间以来，北京榜样优秀群体的先进事迹宣传报道后，在社会上引起热烈反响。广大干部群众认为，北京榜样优秀群体是新时代奋斗者的杰出代表，是美好幸福生活的创造者、守护者。他们在平凡的工作岗位上、普通的日常生活里，默默无闻地引领着新时代社会文明风尚，谱写了伟大的时代赞歌。许多北京市民表示，要向北京榜样优秀群体学习，胸怀大局、无私奉献，积极向上、助人为乐，以平凡的力量筑梦京华，为建设国际一流的和谐宜居之都、建设具有良好社会风气和道德风尚的文明城市，贡献自己的力量。

代序二

中共北京市委关于开展向“北京榜样”优秀群体学习活动的决定

（2018年11月8日）

为了深入推进社会主义核心价值观建设，自2014年以来，全市持续开展“北京榜样”主题活动，各区、各部门、各单位坚持从社区、村和基层单位做起，层层选树、层层张榜、层层宣传身边榜样，宣传树立了一大批立得住、叫得响、传得开的榜样人物。这些源自基层、植于平凡、凝聚正能量的“北京榜样”，用实际行动对习近平总书记称赞首都市民“热情开朗、大气开放、积极向上、助人为乐”的优秀品质，作出了生动诠释。他们是新时代首都弘扬和践行社会主义核心价值观的先进群体，在平凡的工作岗位上、普通的日常生活里，默默无闻地发挥着美好生活建设者、创新时代领跑者、社会和谐维护者、优秀文化传承者的作用，引领着新时代社会文明风尚，谱写着伟大的时代精神。

为大力弘扬时代新风，培育时代新人，持续建设社会风气和道德风尚最好的城市，市委决定，在全市广泛开展向“北京榜样”优秀群体学习活动。

向“北京榜样”学习，就是要学习他们身上体现的首都市民优秀品质，时刻牢记首都无小事，做到胸怀大局、无私奉献，每逢首都北京举行大事盛事，总是满怀热情、积极参与，以实际行动参与营造热烈祥和、文明和谐的社会氛围，展示大国首都形象。

向“北京榜样”学习，就是要学习他们以执着的坚持、坚定、坚毅，自觉承担起单位、社会和家庭责任，做到助人为乐、见义勇为、诚实守信、敬业奉献、孝老爱亲、勤俭节约、热心公益、自强不息，把日常最平常的“小事儿”做成感动社会的善举，共同推动“善满京城”，为这座城市聚集向上向善的强大力量。

向“北京榜样”学习，就是要学习他们着力涵养“拼搏为美”的奋斗品质，为了首都更加美好的明天，撸起袖子加油干，把奋斗精神融于岗位、融于日常、融于人生。积极参加“周末卫生大扫除”“礼让斑马线”“门前三包”“蓝天行动”“回天有我”等社会服务活动，为有序疏解非首都功能、高水平建设城市副中心、推动京津冀协同发展，建设首都更加美好的明天贡献智慧和力量。

向“北京榜样”学习，就是要学习他们积极弘扬中华优秀传统文化，自觉当好中华优秀传统文化的传承者，为推进全国文化中心建设献策献力，推动优秀传统文化活起来、传下去。继续发扬中华民族优秀传统美德，立足家庭、立足学校、立足社会，热心参与“我们的节日”等文化活动，推动中华传统美德在全社会特别是广大青少年心中落地生根、开花结果。

各区、各部门、各单位要全面贯彻习近平新时代中国特色社会主义思想和党的十九大精神，深入贯彻落实习近平总书记对北京重要讲话精神，培养担当民族复兴大任的时代新人，开展向“北京榜样”优秀群体学习活动，自觉承担起举旗帜、聚民心、育新人、兴文化、展形象的使命任务，推动形成全市干部群众“学榜样　我行动”活动的思想自觉、行动自觉，继续弘扬和践行社会主义核心价值观，促进全市人民在理想信念、价值理念、道德观念上紧紧团结在一起，为建设国际一流的和谐宜居之都、建设社会风气和道德风尚最好的城市提供强大的精神动力和道德支撑。

目 录

2016 北京榜样十大人物

2016 北京榜样特别奖

2016 北京榜样提名奖

2016
北京榜样
十大人物

[敬业奉献]　程　京
[助人为乐]　孙晓兰
[见义勇为]　张宏伟
[诚实守信]　吴松航
[敬业奉献]　松　岩
[敬业奉献]　黄文祝
[敬业奉献]　童　松
[孝老爱亲]　张博研
[热心公益]　张晓艳
[自强不息]　李　颖

用心缔造『中国芯』——程　京

程京，1963 年生，清华大学医学院教授，中国工程院院士。作为博奥生物集团创始人，从 1999 年开始建造“中国芯”。仅九年多时间，博奥生物开发出五个系列数十项具有自主知识产权的产品和服务项目，应用于三十多个国家和地区的疾病诊断，被美国《财富》杂志评价为“中国第一家进入世界水平的生物技术公司”，成为中国生物芯片领军人。

位于中关村生命科学园的博奥生物集团有限公司主楼。正厅两面墙上，悬挂着企业多年来所获的上百张证书，见证着中国高科技产品的诞生和发展，这种产品就是生物芯片。

小小的芯片富含了高精尖的技术——将半导体材料、制作工艺、表面化学处理技术与临床检验、分子生物学的有机结合，实现了对重大疾病的提前预防和个性化检测，除此之外在食品安全、环境检测和国家安全等多个领域也有广泛的应用，真正做到了用科技改变生活。

然而，这一切的实现都和一个人几十年如一日、辛辛苦苦的科研攻关分不开，他就是中国工程院院士、清华大学医学院教授、生物芯片北京国家工程研究中心主任、博奥生物集团有限公司的创始人程京，获得了北京市政府首届“京华奖”。

对于今天的成就，程京淡然地说：“看到做出来的芯片、仪器没有特别大的成就感，倒是无意中接触病人、残疾人和他们的家庭成员时，感觉很不一样。”

在 2015 年和 2016 年的全国人大代表大会上，他为国家生物科技产业的发展之路积极建言献策，其中“生物科技产品市场的政策改革”和“职务发明专利归个人所有”的提议受到了国家的关注。

程京回想当时走上这条科研“不归”之路也实属“偶然”。

“结缘”——一颗科研心为与“芯”结识

1963 年，程京出生在一个医学氛围浓厚的家庭，学医成了众人对他的期望。但在程京 16 岁高考报志愿时，却没有顺应家人的想法，而是填报了上海铁道大学（现同济大学）电气工程专业并被录取。本科毕业后，他进入铁道部资阳内燃机厂从事柴油机试验维修工作，因为无趣的维修生活实在无法让程京看清自己的未来和方向，他选择了离开。

在西南政法大学任教的父亲影响下，程京开始对司法刑侦有了兴趣。当得知西南政法大学要建立一个全新的司法鉴定中心急需理工科人才时，程京决定前去一试，结果意外被选中。“当时接到的第一个任务很滑稽，他们说‘你是学电的，我们这里买了一台很贵的扫描电子显微镜，就由你来负责’。”这使程京开始接触到了与之后事业相关的第一份工作。之后，他以优异的成绩被国家教育委员会选送到英国史查克莱大学留学。

在英国，程京师从国际著名刑事技术专家布莱恩·凯迪教授。以培养科学家为理念的布莱恩·凯迪为程京制定了一年计划，让他从事司法化学研究。由于程京聪明好学，提前三个月便完成了导师分配的任务。

因为他既有工程背景，又学习了一年化学和仪器分析，于是导师推荐他继续读生物学博士，用分析化学的方式设计一套工作系统去解决生物学的问题，同时做仪器的设计。在之后两年半的时间里，他没有辜负导师对他的期望和考验，顺利完成了一种新型 DNA 指纹检测系统的研发，并拿到了博士学位，成为我国第一个获得司法生物学博士学位的派出留学生。

之后，程京又在导师的指导下向更为广阔的分子生物领域进军，顺利完成了在英国史查克莱大学和英国阿伯丁大学的司法生物学博士后和分子及细胞生物学博士后研究。

1993 年，30 岁的程京在学术道路上已经取得了可喜成果，但此时的他内心却感到惶恐不安。虽然取得了这么多学历证书却但无法证明他在某一领域的“专业”水准，因为他学得太“杂”了，如何去择业呢？

一次，在和导师聊天的时候，他把内心的真实感受告诉了导师，导师的一席话仿佛点醒了他：“如果从专业上比拼的话，你和其他科班出身的人没有办法竞争，因为没有他们学得深，因此，你要和别人比谁学得‘杂’。”

从此，程京看到了一丝曙光，开始在《科学》《自然》杂志上特别留意多学科交叉的就职信息。

在办公室审阅文件

不久，程京偶然发现在《科学》杂志上登出了美国宾夕法尼亚大学医学院刊登的一个岗位招聘，要求应聘人有工程背景，同时又学过分子生物学。看了这条广告，程京大为惊喜，好像这招聘条件就是专为自己“量身定制”一样。

后来，他的导师（当时任美国临床化学协会主席、宾夕法尼亚医院临床化学科主任）告诉他，在全球七十多个应聘者当中，程京的学科背景简直是“perfect match”（完美匹配）。

“没有刻意地为什么而准备，就这样发生了。”程京说。报到之后，程京才明白，这个项目工程是将半导体的工艺基础、材料和临床检验、分子生物学进行结合，开发新的生物学分析平台，这就是后来的生物芯片研究。

就这样，程京和生物芯片结识了，但之前没有一丝征兆。

“立地”——一颗家国心为让“芯”落地

通过几年生物芯片领域精心的研究，身为美国纳米基因公司首席科学家的程京和他的团队在 1998 年创建了世界上首个“1 平方厘米超微实验室”。这被美国《科学》杂志当年评选的“世界十大科技突破”所引用。

之后，生物芯片技术引起了科学界广泛的兴趣。然而，此时的程京却在寻找回国的契机。

1997 年，在香山科学会议第 80 次学术讨论会上，程京关于“中国应自主发展生物芯片技术”的发言，引起了国内科学界和有关部门的重视，他敏锐地感受到当时中国在重大科技领域重新布局的决心。

1999 年 3 月，36 岁的程京，作为清华大学第一位“百名人才引进计划”入选者，来到清华，在一间窄小的地下室里开始造起了“中国芯”。

“刚回来时，一个月 900 块钱，和同事在清华生物系腾出的复印机房里工作。工作室里的桌椅板凳也是从学校走廊捡来的。”

2016 年在“两会”上建议政府针对老年慢性病防控，迅速制定国医治未病“黄帝计划”，加速“健康中国”建设的推进

一次，宝钢的负责人来与他谈投资，一屁股坐下去摔了一跤，原来，那些折叠椅的椅腿都是坏的，这让程京记忆犹新。

“计算机包装箱舍不得扔，我们又包上塑料布当桌子吃饭用。现在，捡来的那张实验桌陈列在生物芯片北京国家工程研究中心的陈列室里，见证着当初创业的艰辛。”程京说。

12 年国外的留学生活和工作，使程京对国内的情况“摸不着底”。回国搞“中国芯”的研发困难重重。当时，摆在面前的棘手问题，就是研发的产品如何符合市场的需求。他说，无论是搞研发还是做产品，都要讲究一个朴实的需求，立足本地发展需求，解决实际问题，才能保证产品存活。这也是他后来一直在强调的“立地”，要接地气。

“我们起初过多的关注点在于技术的可行性和先进性，而缺少对经济可承受性的关注。”为了让生产出的产品尽快进入市场转化成商品，同时降低成本，在2002年，他将问世的产品送到试点医院里做调研，收集反馈的信息，改良产品。在保证产品优良的情况下，不断地尝试替换材料，做出真正物美价廉、百姓消费得起的产品。

“但现实问题又出来了，由于当时国内的各方面水平还达不到，材料造价降低就会出现产品的反应不连贯、反应速度慢等问题。”这又让程京改变了自己的发展策略，实行“分步走”，从低端向高端逐步迈进。

2003年，博奥第一台生物芯片相关产品激光扫描仪问世。就在计划按部就班地进行时，“非典”爆发了。北京是重灾区。

作为搞生物芯片科研的博奥当然不会袖手旁观。经过七天的奋战，4月26日凌晨1点43分，专门用于SARS病毒检测的基因芯片研制成功。程京带着他最新的研究成果冲在了抗争“非典”的第一线。

“非典”期间，一向拥挤的北京几乎成了“空城”，而程京的团队却满京城奔波，取样、检测、汇报结果。

“当时博奥只有七十多人，在直接面对生死问题上没有一个员工退缩。有人直接去医院工作，有人去 P3 实验室，也有人在后方分析检测、做保障工作。”

如此的临危受命也让博奥、更让程京在新产品落地的过程中看到了希望，它就像把“双刃剑”，让生物芯片适应了市场的需求，如新生婴儿般“呱呱”落地。

同年，公司迁入中关村生命科学园。随后，获得了第一张国家医疗器械证书、第一项生物芯片外国专利授权。

“立地”的过程是艰辛的。时至今日，程京还在为产品更好地进入市场探索着。以自己创业的经历推动着相关改革。

全国“两会”上，程京建言：“现在越来越多的企业已经发展到创新产品要进入市场的阶段，因此需要国家为解决企业产品的‘出口’提供更多的政策支持，包括新产品物价的制定，及时进入医保，打破行业壁垒，对国产新技术、产品的宣传和扶持等，才能保证生产出来的产品为老百姓服务。”

“顶天”——一颗民族心为使“芯”超越

“我们不能轻易妥协，降低标准，放弃自己原来的目标。”

程京一直恪守着一个标准，与美国等西方发达国家相比，中国在生物芯片这个全新的生命科学领域是一个后来

做客新华网，建议国家建立治未病的国家体系，以全民健康促全民小康

者，从未松懈。“中国芯”要与世界接轨，走在世界的最前沿。这是程京一直以来的一个梦想。

面对激烈的国际竞争，实力永远是对话的筹码和博弈的前提，没有人比程京更能理解这句话的深刻含义。

在程京的带领下，“中国芯”有着突飞猛进的发展。寻求与发达国家生物芯片领域专家的对话迫在眉睫。

2005 年 4 月，博奥和昂飞签署战略合作协议，这被看作是博奥融入全球市场的重要一步。这一年，全球生物芯片行业的先驱、世界著名基因芯片公司昂飞开始关注中国市场，并且通过种种关系主动找上程京。

“原本以为是一次礼节性的拜访却成了影响博奥走进国际市场的合作。”

昂飞公司的诸位高管一进大门，便不禁感叹：“在远东，还没有见过如此大规模的生物芯片公司。”

从下午 1 点一直谈到晚上 6 点，外方还兴致勃勃，会谈一直持续到晚上 10 点……

接踵而至的就是一个又一个国际合作。美国《财富》杂志也评价博奥生物“已经成为中国第一家进入世界水平的生物技术公司”。

仅仅九年多的时间，程京就带领着自己的研发团队开发出包括生物芯片及相关试剂耗材、仪器设备、软件数据库、生命科学服务、临床检验服务五个系列数十项具有自主知识产权的产品和服务。博奥生物产品及服务已出口北美、欧洲、亚洲、中东等三十多个国家和地区，其中，诊断用生物芯片及相关仪器产品已进入英国、德国、瑞典、意大利、西班牙、奥地利、瑞士、葡萄牙、芬兰、丹麦、日本、新加坡等国家的数百家医院用于疾病诊断。

但是，程京真正关心的不在于此，而是产业标准。“在生物、医药等行业，产业标准大多是由欧美国家制定，这不仅使我国缺少在行业内的话语权，更重要的是常常使我们处于受制于人的被动状态。”

程京说：“由于美国在全球生物芯片研发中长期居于主导

指导学生

地位，美国的很多著名生物芯片企业在全球市场中不仅享有专利特权，还扮演制定标准等特殊角色。而国内的科研者、管理者最开始只是单纯强调发表文章，到后来开始注重专利保护，到今天，大家已经意识到，必须占领一个新的制高点——制定标准。”

所以，在2016年的“两会”上，程京大胆地提出了职务发明专利归个人所有的建议：“我们国家的专利发明数量近些年增长很快，已经位居世界前列，但问题是这么多的发明，能真正实现转化的有多少？”

在“中国芯”走向国际的问题上，他义不容辞地履行自己作为中国生物芯片领军人的义务。

如今，程京已经五十多岁了，自 35 岁开始承担项目，每日以 16 个小时计算从事研发。外人评价他是“拼命三郎”，“生物超人”。“不管是‘拼命三郎’也好，‘生物超人’也罢，现在的体力不比从前。”程京坦言，“不服老不行”。现在他也开始着手为将来发展计划着，“将来总是要交给新生军、后来人。像我们五六十年代的人逐渐退出一线，七八十年代的人逐渐上来。”

谈到“如何评价今天所取得的成就?”程京淡然一笑，“看到做出来的芯片、仪器没有特别大的成就感，倒是无意中接触病人、残疾人和他们的家庭成员时，感觉很不一样。”

［助人为乐］

“宏志妈妈”的爱循环——孙晓兰

孙晓兰，1949 年生，东城区崇文门东大街居民。自 1998 年以来，主持助学亲友团对广渠门中学宏志班近千名学生给予了物质与心灵的“双助”。60 岁生日时获得 100 名“宏志生”颁发的“人生导师”聘书。受她影响，儿子、几十名宏志生乃至北川地震受助的学生，都相继参与到爱心活动中，帮助他人。

关注弱势群体，开启助学之路

说到与宏志生的结缘，还要从 1998 年说起。当时孙晓兰的一位美籍华人朋友王名伟先生在美国收看到中央电视台的卫星节目，从中看到了有关宏志班的报道，就给孙晓兰打来电话，让她了解情况，并表示想和孙晓兰一起做帮助学生的事。于是，孙晓兰从 114 电话查询台问到广渠门中学的电话，并与分管宏志班工作的副校长刘燕生取得了联系。又专门跑到学校，向刘校长和宏志班班主任高老师了解宏志班的情况。得知了宏志班对每位学生免收学费和住宿费，学校提供早餐和午餐，而晚饭由学生自己解决的情况。

孙晓兰便询问一位女同学如何解决晚饭。女同学回答说：“中午吃饭，菜是限量的，但主食不限量，我们就带两个馒头晚上吃。”“那菜呢？”孙晓兰接着问。女同学回答说：“有馒头就可以了，不用吃菜。”

孙晓兰听后很震惊，也很心酸。因为广渠门中学从地理

广渠门中学宏志班学生圣诞节给孙晓兰送亲手织的围巾

位置来说位于北京市中心，居然有学生吃晚饭有困难。经和老师商量后，孙晓兰及友人决定按照每位学生每天三元的标准给予伙食补助，到高三每人每天加一袋牛奶。这样合计每位学生三年共需要 3900 元。孙晓兰与王名伟先生各帮助一名学生。同时，王先生在美国的朋友也分别帮助班里的其他同学，使得全体同学都得到了帮助。这些补助费用，他们直接发放到学生的手中。

也是从那时起，孙晓兰开始联系她的国内外朋友，组成一个助学亲友团，由她主持工作，一直延续至今。在 18 年的助学工作中，有广渠门中学、大兴魏善庄中学、北京宏志中学、北京市大峪中学以及北京大学、清华大学近千名学生接受帮助，发出的助学金已有数百万元。她先后被广渠门中学聘请为“宏志妈妈”、被北京宏志中学聘请为宏志学子“人生导师”、被北京市大峪中学聘请为“德育教师”。她还被评为崇东社区“身边好人”，被授予崇东社区“爱心大使”称号。

助学与孩子们一起成长

孙晓兰主持的助学工作理念是“双助”与“互助”。“双助”是：不仅给学生物质的帮助，还有精神和心灵的关注；“互助”是：不只是我们帮助学生，学生也在帮助我们，他们的干净和安静，他们的朴实和朴素，一直影响着我们、激励着我们要做得更好。

宏志生高中毕业全部考上大学。孙晓兰要求学生在大学期间，要选读第二学位、第二外语，她对学生们说：“你不出去看世界，世界不会来看你。”现在，已有很多学生在读双学位、双外语，并有几十人先后去美国、德国、英国、瑞典、捷克、印度、韩国以及中国香港学习，攻读硕士、博士、博士后学位。

孙晓兰还注重培养学生读书的习惯，先后组织同学们阅读了资助人写的书，并写出书评送给作者。北京通家之道国际咨询有限公司的总经理吴瑜章先生写的书《渠成，水自到》，学生们看后写出的书评《所学与所悟》，吴先生看后对此评价很高，并欢迎同学们假期到他的公司实习。

与广渠门中学宏志班毕业的学生合影

孙晓兰还与这些学生定期组织茶会，互相交换看书、看电影、看生活的体会，彼此之间聊人文、人性、人格与人生，以茶会友，以文会真情。孙晓兰在助学中，与孩子们一起成长，她给予孩子们的不仅是物质的帮助，而是精神与心灵的升华。

2009 年，在孙晓兰 60 岁生日时，100 名学生联名给孙晓兰颁发一份聘书，聘她为“人生导师”，并写了“致孙阿姨”的敬辞。他们在敬辞中说：“真正的伟大在于把最平凡的事情做到极致，您用您一个人的力量，在潜移默化间影响了我们一届又一届的宏志生，使我们能够真诚地欣赏与感恩生活，感悟人生……孙阿姨，我们爱您！”

爱是一个圈首尾总相连

针对现在社会上一些所谓名人做出的丧失道德底线的恶劣行为，孙晓兰给学生们讲中国文化的儒、释、道。她说，“我们常说的道理，其实就是道家之理，道路就是道家之路，道德就是道家之德。”这样深入浅出的道理，让学生们学会了以德相报。这些学生中，有很多在上大学时或工作以后，都会拿出一部分钱交给孙晓兰，至今已有几十名同学合计拿出几万元，用于帮助四川地震后北川中学的十几名学生。

孙晓兰还专程来到北川中学，把助学金交给学生，并告诉他们：“这些哥哥姐姐以前接受过我们的帮助，现在有点能力了，来帮助你们。”北川的学生们对孙晓兰说：“阿姨，以后我们也会这样做的。”

2012 年 7 月 21 日，北京遭遇特大暴雨，北川学生的代表王怀玉、唐应蓉、王金龙来到北京，在崇东社区把他们做社会工作挣的钱捐给东城区红十字会，以表达他们的心意。

值得一提的是，孙晓兰的儿子卢睿在出国留学期间，用自己打工挣的钱也帮助了宏志班的 4 名学生。他前后 8 次到四川北川中学义务支教，与这里的学生结下了深厚的情谊。

孙晓兰与她的亲友团所做的“双助”、“互助”工作，其

与被资助的清华大学“抗震小英雄”王佳明、被保送到北京大学的申龙合影

实也是他们与学生们之间生命能量的交换，这也是正能量与社会主义核心价值观的践行。

［见义勇为］

他人生命重如山——张宏伟

张宏伟，1976 年生，北京凯捷风公交公司 30 路公交车驾驶员。是公司“中国梦宣讲团”成员，多次参加市巡回宣讲，公交标兵。2016 年 3 月 30 日上班时路遇交通事故，张宏伟发现驾驶员还卡在车内但车已冒出浓烟，迅即钻入狭小空间施救，此刻仪表盘下已见火焰。他不顾个人安危，拼尽全力反复推拉已经变形的操作台和方向盘，终将驾驶员拖至车外，挽救了驾驶员生命。

张宏伟同志自2008年到凯捷风公司工作以来，由于在各方面表现突出，他所在车组被授予“工人先锋号标兵”，其本人也连续几年被评为年度优秀驾驶员。在汽车驾驶员职业技能大赛中取得房山区第二名的好成绩，并且代表房山区参加了北京市大客车驾驶员技能大赛，获得高级驾驶员技能证书。

由于各项技能优秀，又拥有一颗爱岗敬业的爱心，自2013年起成为公司“中国梦宣讲团”的成员，在公司内部各个场站进行宣讲，带动了大家一起敬业爱岗，热心为广大出行群众服务；同时，他的光荣事迹又被区宣讲团选中，成为房山区宣讲团的一员，下军营和多个乡镇政府以及国企进行“中国梦”的宣讲，获得房山区宣传部颁发的荣誉证书，并且获得房山区国资委宣讲比赛第二名的好成绩。

2014年，由于个人业绩突出，事迹感人，张宏伟又参加了北京市的宣讲团，在北京市范围内进行巡回宣讲，先后在大兴、密云等地进行了10次宣讲，所到之处得到了听众的高度认可，听众握住他的手赞不绝口，久久不肯离去。

工作中

2009 年 5 月的一天，张宏伟和售票员韩静在后排座位上发现了一个包，打开一看，里边东西可真不少，户口本、病历本、存折，还有几百块现金，更让人惊讶的是包里的一个袋子内居然有很多黄金首饰，用手掂掂，很重。这可是一笔巨大的财富，丢东西的人得有多着急呀！为了尽快找到失主，他和售票员立刻把东西交给场站，让场站赶紧联系失主。

当失主拿到东西发现一样都不少的时候感动得热泪盈眶，拉住他们的手说："谢谢你们，你们真是好人啊！"并拿出几百块钱表示感谢。

张宏伟和售票员坚决推辞，告诉失主："能够找到你们，物归原主，我们就已经心满意足了。以后出门可千万要小心保管好贵重物品。"几天后失主做了一面写着"拾金不昧，服务热情"的锦旗送到了场站，再次表示感谢。张宏伟的热心还表现在各个方面，有的时候甚至是无微不至的，比如在下雨天，他会把自己的雨伞借给没有带伞的乘客使用，抱残疾人上车，甚至在惨烈的车祸现场救人。

2016 年 3 月 30 日上午，张宏伟开车上班的路上，途经窑上村西口的时候，发现前方一辆大货车和小型轿车发生了交通事故。此时小轿车内已经开始冒出滚滚浓烟。在绕过事故现场的一刹那，他习惯性地向周边张望，发现，小轿车的驾驶员还在车内。张宏伟立即靠边停车，跑到冒烟的小轿车旁，得知小轿车驾驶员被卡在车内动弹不得。大货车驾驶员试过多次，但均未将人救出。张宏伟二话不说，立即钻入狭小的车厢内，让大货车司机使劲向后拽住驾驶位座椅，他用双手用力向前推已经挤压变形的操作台和方向盘。在施救的过程中，他发现火焰正从仪表台下慢慢地冒出，随时会给伤者带来二次伤害，于是他用尽力气，反复推拉，终于将小轿车驾驶员拖离了车内，也正在此时，大火吞没了车辆。

事后，有人问起张宏伟当时的情况，他总会回以微笑。用他自己的话讲："我的职业要求我要有服务群众的意识，我的追求给予了我服务群众的行动。"

不仅对待乘客如同家人，在业务上张宏伟更是时刻不忘

检查车辆

学习和钻研，除了在各项行业比赛中屡次获奖以外，在实际工作中更是屡次排除事故，保障安全运营。有一次是一个夏天的早晨，大雨滂沱。眼看着雨越下越大，可偏偏此时意外出现了——汽车的左雨刷臂突然出现了故障，“罢工”了，在倾盆的大雨中，前方的风挡玻璃立即被雨幕所遮住，无奈，张宏伟只得把车靠路旁停下。要知道，当时正是上班和上学的早高峰，车上的乘客都很着急，不由抱怨起来。“这月奖金又泡汤了！”“我今天还要考试，哎！”张宏伟知道此时肯定不能在没雨刷的情况下冒险开车，向公司报修，又会耽误时间。凭着自己的责任心和对待工作的热情，他冒雨下车检查，原来是雨刷的螺丝松了。凭着他对这条路的熟悉，知道在一百多米处有一个补胎的门市部。他迅速冒雨向补胎门市部跑去，借了扳手，把雨刷修好。车子启动后雨刷正常

清洁车辆

工作了，车厢里顿时沸腾了。他虽然已经被雨淋成了“落汤鸡”，但能让车辆在安全的情况下行驶，心中格外温暖。这一次，很多乘客到站下车时都说了相同的一句话：“司机师傅真帅！”

就是凭着过硬的专业技术和饱满的服务热情，张宏伟参加工作六年来，运营三十多万公里无事故，接送乘客四十余万人次零投诉。这看起来都是平常“小事”，但能够把每一件“小事”都做好也是了不起的。

有人问张宏伟：“你为什么总能保持着这么饱满的热情呢？”他的回答很简单：“只要把乘客当成自己的亲人，做好这一切顺理成章。”

这句话说起来简单，做起来却不容易。他常常说的一句话就是换位思考。比如面对老年乘客的时候，他就会想起自己的父母。他会想到自己父母出门的时候自己并不能随时在身边照顾，可是我们把每一个老人当成父母，你照顾好了别人的父母，你的父母在出行的时候不也就有人照顾了吗?!

这就是凯捷风公司一个普普通通的公交司机张宏伟的心愿。他把平凡的岗位做得有声有色，时刻闪现着人性的光辉，作为一个公交人，用自己的实际行动诠释着他对这份工作的热爱。

［诚实守信］

以母爱标准造『国粉』——吴松航

吴松航，1972 年生，北京三元食品股份有限公司奶粉事业部总经理。以母爱为最高标准，狠抓三张王牌打造“国粉”：研制出更接近于母乳的营养系统；坚持使用自有奶源；以鲜牛奶为原料的湿法工艺。奋战在市场一线提升产品认知度。用了三年多时间，三元奶粉的代理商户从 100 户跃增至 1300 多户，月销售量增长近九倍。

2011 年 9 月 10 日，北京三元食品股份有限公司奶粉事业部正式成立。奶粉事业部的成立极大地弥补了三元食品零售奶粉特别是婴幼儿奶粉的市场空白，成为三元食品新的利润增长点。此刻吴松航正式走马上任，成为奶粉销售的领军人。

事业部拥有现代化的奶粉生产线 5 条，日处理鲜奶 160 余吨，年产配方奶粉 1.2 万余吨，主要生产婴幼儿配方奶粉和成人配方奶粉两大品类产品，包括爱力优、爱欣宝、爱育聪、恩贝益、恩贝睿 5 大系列 78 个品种的高中端奶粉，居于国内领先地位。运营三年多来，在吴松航的带领下，奶粉事业部从成立之初的不足 100 户三元奶粉代理商户，上升到现在的 1300 多户，产品出厂合格率达到 100%，月销售量从 700 余万上升到现在的 6000 多万，利润从月亏损 40 多万到月赢利 400 多万，并且连续两年创造了 6—8 月份销售淡季的高增长。

开展奶粉安全社会活动

三元国粉，狠抓品质三张王牌

在吴松航的心里始终铭刻着一句话：“以母爱为最高标准。”作为事业部的总经理，他把“爱”的理念传播至事业部的每一名员工，经过不懈的努力研制出独特的三元奶粉 Sup-ilactou 营养系统，使奶粉更接近母乳，为宝宝发育提供充足营养和更多保护。这是第一张品质王牌。第二张王牌是坚持使用自有奶源。第三张王牌就是湿法生产工艺制作奶粉。吴松航自上任以来始终坚持用鲜牛奶为原料奶进行奶粉的湿法生产，最大限度地保证生产出的奶粉营养均衡、品质安全、口感新鲜。自中国乳制品工业协会开展月月抽检以来，三元奶粉获得全部合格的好成绩，分别荣获2011 年度和 2012 年度质量稳定产品奖。

三元奶粉，销售的是健康理念和知识

品质是根基，营销是龙头。好的产品必须要有好的营销才能让国人认识到国产奶粉的优势，进而购买和使用国产

在河南客户会议上讲话

与门店老板沟通

奶粉。

但是起步初期，没有广告，没有促销，没有足够的商超等市场费用！三元奶粉如何做？通过对自己多年营销经验的总结，吴松航提出了“弱势营销理论”，创造出市场营销的“三五工作法”，成为指导市场业务人员的工作准则：一是要明确好奶粉的五大标准；二是业务销售人员推广五步法；三是从五个方面培育消费者。

通过“三五工作法”，将奶粉销售逐渐从单一的零售市场拓展到非市场领域，在消费者中迅速提升三元奶粉的认知度和美誉度。三年多来，市场销售人员在吴松航的带领下全力以赴奋战在市场一线，奶粉事业部累计开展了 6000 多场次培训，参加了 100 余场次母婴用品招商会，30 多场次全国各地大型孕婴童产品展览。这些深度与终端店沟通的展会，有力地宣传了三元奶粉品牌。

路虽远，行则至；事虽难，做必成

国内中高端奶粉市场竞争激烈，为提升三元奶粉的市场知名度，吴松航亲临销售一线为消费者讲解如何选择好奶粉

参加劳模表彰大会

等常识，经过不懈的努力推广，今天的三元奶粉，正在被广大消费者逐渐认可接受，高端奶粉在短短三年时间里已取得突破 2 亿元的成绩。吴松航荣获了 2013 年度、2014 年度“中国孕婴童行业杰出人物”。

[敬业奉献]

重塑京剧之魂——松岩

松岩，1964 年生，北京风雷京剧团团长。出身京剧世家擅长猴戏的松岩，上任后曾创下两年间演出 793 场的北京演出市场数量之最。2008 年作为奥运唯一京剧节目《东方神韵》的导演，精准达到将京腔京韵与电声器乐完美融合的演出要求；2015 年又自创京味儿话剧《网子》将多种艺术形成融合，重塑京剧之魂，获青年观众大赞。

站在珠市口丰泽园饭庄门口向北看，可以看到红色的“风雷京剧团”的字牌。如果从它1937年在天桥成立时算起，到今年已经快八十年历史了。和京城各大国字头剧团相比，风雷只能算是一个“弱小”剧团。但在京剧演出市场不太景气的当下，风雷京剧团平均一年演出能达到500余场，令不少行业内人士侧目。如果要探究有什么秘密的话，就要提到一个人——风雷京剧团团长松岩。

猴戏闹东瀛

松岩可谓出身京剧世家。他的父亲是干盔箱的，光“网子”应该怎么勒、盔头怎么戴，他老人家就能讲上三天三夜。6岁时起，父亲就常常带他看京剧。回到家，松岩就情不自禁地模仿人物的动作、唱腔。慢慢地，他对京剧如痴如醉，就此结下了不解之缘。

松岩常说：“要想成为一名优秀的京剧演员，需要忍受

《美猴王》剧照

常人所不能忍受的身体训练方面的痛苦和精神上的枯燥和孤独。”他 8 岁开始练功，13 岁考进风雷京剧团，后拜武生名家“茹派”传人茹元俊为师，专攻武生。在剧团里，他刻苦练功，寒暑不辍。他坚持每天早晨五点钟起床跑到陶然亭公园吊嗓子。在练功棚里，他扎起比舞台上重好几斤的大靠挥舞刀枪，汗流浃背也不停歇。为了练好高台旋子 720°，他被摔得大胯红肿，步履艰难，但还是忍着剧痛练功不止。

汗水的浇灌终于换来了丰硕的成果。1986 年，22 岁的他主演的《界牌关》获全国京剧大奖赛荧幕奖。他还特别擅

《九江口》剧照

长猴戏，凭借《闹龙宫》一剧获 1992 年北京市中青年戏曲调演集体奖和个人表演奖，成了北京京剧界小有名气的“美猴王”。

1992 年，松岩随团第一次到日本演出。日本观众不了解中国的京剧，甚至分不清什么是京剧，什么是杂技，而松岩的一场猴戏《闹龙宫》，令日本观众大长了学问，更吸引不少观众成了这位“美猴王”的粉丝。演出结束，热情的观众围住松岩久久不散，当场成立了一个“松岩戏迷协会”，想以此了解更多的京剧知识。

随着国外演出的增多，松岩为中国京剧找到了越来越多的海外知音，松岩的名字在戏迷中也越叫越响。

猴王显神通

1996 年，松岩被任命为风雷京剧团副团长，是北京市所有剧团里最年轻的团长。随着角色的转换，他也将自己从之前个人事业的奋斗转换到了如何使风雷京剧团能够持续发展的目标上来了。

京剧演出不景气，甚至面临危机，这在许多行内人看来早已是公论。刚一上任的松岩，也面临着剧团的“生存危机”：他所在的 180 多人的剧团，因经费短缺，每年只能开出 60% 的工资。排练、服装、演出、道具费用都没有着落。因此，许多演员不得不转行。

对于弱者，逆境磨难是无法逾越的障碍；而对于强者，它能激发人的斗志，砥砺人的品行，是成才建业的先决条件。一直埋头练功的松岩开始从“艺术经济学”的角度思考这一问题。他坚信社会需要京剧，但京剧自身也必须顺应形势，走向市场以求得发展。于是他主动请缨，从团里挑出 30 多人，承包了恭王府的京剧演出，一年演出 200 多场，在为剧团争取了经济效益的同时，他也成为首都京剧界第一个拥有固定演出场地的“承包户”。

尝到“第一桶金”的甜头，松岩凭借一股“后路早已断，前行见大勇”的精神，带领剧团同事努力开拓市场，其演出足迹遍及京城的各大宾馆、饭店、大学、戏楼等。剧团每年

《长征路上》剧照

演出的场次，也逐年提升：200 场、300 场……500 场！甚至 2001 年至 2002 年间剧团演出达到 793 场，创造了当年北京市所有演出团体的演出数量之最。

金猴玩跨界

2001 年，37 岁的松岩成为剧团历史上最年轻的团长。作为剧团一把手，行政事务和应酬增多了，有人担心他会脱离舞台。他笑笑，说："作为演员，黄金时间有限，没戏演痛苦，工作量大了又辛苦，可我宁愿辛苦也不愿意痛苦。”

2005 年 6 月，松岩接受了一个政治任务：担任北京“奥运口号发布会”上唯一的京剧节目《东方神韵》的导演。演出方有个“不近人情”的要求：既要把京剧的宏伟场面表现出来，还要把京腔京韵与电声器乐融合在一起，而且演出时间要精准控制在 4 分零 11 秒。这次演出，松岩调动了北京市各院团演职人员共百余人，经过精心编排和策划，让演出无论从整体设计还是艺术创新等方面都达到了高水平，得到了中央和市级领导的肯定。

尝到了创作的甜头，松岩又不甘寂寞了。同年 9 月，他集编剧、导演、主演于一身，打造出了高水平的演出剧目《武松》。此剧以新剧本、新设计、新形式的特点突破了以往京剧传统的表现形式，成功塑造了“武松”形象，并被中央电视台录像，向全国多次播放，获得了专家和戏迷观众的好评。

都以为松岩演而优则导，应该玩不出花样了。谁承想，2015 年他再次出手，竟然来了个华丽转身，玩起了话剧。

2015 年 10 月，松岩自编自导自演的京味儿话剧《网子》在新落成的天桥艺术中心首演，并得到业内专家特别是年轻观众的喜爱和好评。该剧最大的亮点就是话剧的壳、京剧的魂，融合影、视、戏，声、光、电等多种艺术和技术手段的多元、跨界表演，特别让年轻观众潜移默化地了解并感受到京剧和梨园行的内涵、传承和独特魅力。有专家点评，《网子》对多种艺术门类的借鉴、融合、创新，与年轻观众的“无

京剧体验授课

缝对接”，是使传统艺术走向新生、是重塑京剧之魂的可贵探索。

有人问松岩，身为一个京剧演员，为什么想要做话剧？他说：“京剧是个伟大的金色宝库，但是我们很多的人，只知道在这个宝库里边高谈阔论，但却没有找到一个能够让整个社会了解喜欢京剧的方法和渠道。就像是一个黑色的帐篷，把金色的宝库罩在了里面，跟社会没有沟通，与世隔绝，孤芳自赏。但我认为还有一条路，就是可以把曲高和寡变成大俗大雅。我想，首先就应从吸引年轻人的关注开始。”

这就是松岩，一个从骨子里热爱京剧的实干家。

[敬业奉献]

有事就找黄警官——黄文祝

黄文祝，1969 年生，北京市公安局海淀分局西山派出所民警。管片内有大量维吾尔族群众，十几年来始终以社区警务工作站为家，画出分布图为每户每人建立服务档案，尊重少数民族同胞的民族习惯和宗教信仰，真心实意把他们当朋友、当亲人，最大限度地帮助他们解决实际困难，探索出卓有成效的社区管理工作法，赢得少数民族群众的情感认同。“有事就找黄警官”成了大家的口头禅。

黄文祝，1991 年参加公安工作，2001 年 11 月至今，任海淀分局西山派出所（原属田村派出所）龚村社区民警。从警以来，先后荣立个人二等功 1 次，个人三等功 5 次，个人嘉奖 15 次，曾荣获“首都劳动奖章”。2015 年海淀分局以他的名字设立了“杰出民警工作室”。作为西山派出所龚村社区民警，15 年来，黄文祝始终带着对群众的深厚感情，用严谨扎实的社区基础工作，促进了各民族间的交往交流交融，维护了民族团结和政治稳定。

全情投入，平等相待，做少数民族群众的贴心人

2003 年 3 月，约有 130 多名维吾尔族群众来到锦绣大地市场经营干果，住在与市场一路之隔的龚村。黄文祝欣赏他们身上的优秀品质，真心实意和他们交朋友。黄文祝购买了介绍新疆风土人情的图书和 DVD，学习新疆的历史文化、

查看登记项目是否齐全

民俗风情，把自己培养成“新疆通”。他在警务站挂上了新疆伽师县地图，熟记每个乡镇的名字和位置，梳理出少数民族群众的亲缘、地缘关系。黄文祝自学了简单的维语，在警务站标识、宣传展板上添加了维文翻译，制作了维文版的社区安全防范宣传材料。他一有时间就下社区，主动找少数民族群众谈话。看见他们做礼拜时，黄文祝会在外面等候，直到做完礼拜再和他们交谈。黄文祝平等对待少数民族群众，把他们当成社区的一分子，邀请他们参加社区活动，动员参与社区管理。2016 年春节大年初一，黄文祝工作室在社区举办了“欢度春节、情聚宝山”联欢茶话会，邀请近二百名少数民族群众和民警、社区居民一起载歌载舞，欢度佳节。活动期间，社区群众代表给黄文祝送上锦旗，表达了“民族大团结、维汉一家亲”的深厚感情。2016 年全国“两会”期间，工作室发动 10 名少数民族群众作为治保积极分子，戴着红袖标和社区巡防队一起巡逻，他们不仅乐意参加而且特别认真，取得了超出预期的好效果。

真情实感，建立信任，赢得少数民族群众的理解支持

黄文祝秉承海淀公安“好警文化”理念，坚持“寓管理于服务中”，用真情得信任、以服务促管理，和他们建立起超越工作关系的信任，“有事就找黄警官”成了大家的共识。2015 年 11 月，锦绣大地市场清理整顿市场摊位，许多少数民族商户因是经营转租的摊位，面临着被市场清退的窘境。黄文祝与市场方面反复沟通协调，为全部 16 家商户争取到摊位，让他们直接与市场签订协议。2015 年 12 月，吾卜尔·乃再尔在外区被人打伤，他对处理不满意，觉得心里委屈。找到黄文祝，还要带着老乡们去讨说法。黄文祝先稳住了吾卜尔的情绪，自己联系外区相关部门了解情况。最终打人者向吾卜尔赔礼道歉并进行经济赔偿，得到了吾卜尔的谅解，一起敏感事件得到圆满解决。黄文祝争取分局和四季青

社区工作中与维吾尔族同胞交谈，气氛和谐欢快

政府的支持，对警务站进行改造，在院内搭建起具有浓郁新疆特色的葡萄架，将厨房改造为清真厨房，新购置了全套的厨具，把警务站外面的空地铺上整齐的方砖，使之成为少数民族群众开展活动的场所。少数民族群众从新疆带回了葡萄树苗在警务站院里栽种，经常拖家带口来找黄文祝聊天，帮着修剪葡萄树、打扫卫生，到警务站清真厨房做饭，邀请民警和他们聚餐。他们还成立文艺小组，定期在警务站举办联欢活动。他们把警务站当成了在北京的家，也把黄文祝当成了亲人。

亲情服务，排忧解难，
最大限度排除社区问题隐患

黄文祝把对少数民族群众的尊重和欣赏转化为关爱，尽最大努力帮助他们解决实际困难。2010年秋天，阿卜力克木·赛吉艾合买提因经营困难找到黄文祝，反映一家公司拖欠26万元货款。经过三天调解，黄文祝帮助阿卜力克木要回了所欠货款，解了他的燃眉之急。2014年4月，吾普尔·吾拉音在驾校交了报名费，驾校一直没有安排他学车。黄文祝出面联系驾校，发现驾校因经营不善面临倒闭。黄文祝反复与驾校沟通，对方终于向吾普尔返还了7000元报名费。少数民族群众流动性强、收入不稳定，且和汉族的风俗习惯、处事方法存在较大差异，加之语言沟通困难，经常在租房方面发生纠纷。黄文祝尊重他们倾向聚居的意愿，梳理出手续齐全、条件完善的正规房源，让他们集中居住，实行公寓管理，帮助他们办理暂住证，规范了社区出租房屋管理秩序。黄文祝联系协调辖区小学，先后帮助15名适龄少数民族儿童入学就读，使孩子们接受正规教育成为常态。黄文祝发现少数民族群众不掌握自己的身体状况，存在健康风险隐患。黄文祝先后两次协调医院上门免费为少数民族群众体检，发现近二十人患有高血压等病症，为他们逐人制定了健康干预方案。拿到体检结果的时候，很多少数民族群众感动

嘿！小朋友们看这里，体检前我们来个集体照

地热泪盈眶，纷纷表示“感谢首都警察，感谢共产党”。

倾情付出，刻苦钻研，重点社区管理取得突出成效

黄文祝一心扑在社区，放弃了几乎全部的个人休息时间，长期吃住在警务站，经常忙到深夜凌晨。他落实少数民族群众管理要求，为每户、每间房、每个人建立了档案，画出了社区居住分布图，熟识每名少数民族群众，掌握他们的动态。在分局专项测试中，黄文祝不仅能准确说出随机抽

向维吾尔族同胞宣讲政策及法律法规，并积极鼓励他们开展工作

取的人员的姓名、住址和从事行业，而且能讲出他们的相互关系，在分局测试中排名第一。工作室每月召开法制宣传教育大会，宣讲党的民族政策和法律法规，建立起少数民族群众一致接受的管理标准和规范，他们离京或回京都会主动报告，做到了“人来登记、人走核销”。黄文祝先后两次到伽师县考察学习，走访慰问龚村商户的家属，与乡镇维稳部门和属地派出所建立直通对话和背景审查机制。根据对方反馈的资料，黄文祝提早预判苗头隐患，制定应对措施，做到有的放矢，防患于未然。2015 年“两大安保”期间，黄文祝天天在警务站值守，到社区走访座谈、逐人见面，排查隐患、落实整改，做到社区情况信息的全掌握。“9 · 3 阅兵”当天，

工作室邀请少数民族群众到警务站观看阅兵仪式。在升国旗、奏国歌时，看到民警向国旗敬礼时，现场的少数民族群众肃然起立列队向国旗敬礼，用不太流利的普通话唱起了国歌，表达对祖国的崇敬和热爱之情。

［敬业奉献］

守护首都轨道建设安全的『大工匠』——童　松

童松，1971年生，北京市轨道交通建设管理公司主任工程师。多次目睹事故现场惨状的童松，率团队耗时一年编制出《北京市轨道交通建设工程标准化手册》，安全事故率大大降低。还主持编制了工程安全生产管理标准化图集，让施工“简单化”。目前正主持编制的住建部项目将在全国推行，每一部“标准”都是安全建设的“教科书”。

“干上管安全这一行，就是不能出事故，凡事要对得起良心。”对于在北京地铁建设前线奋战了23年的童松来说，老父亲的这句叮嘱，已经成为他的座右铭。如今，童松已任北京市轨道交通建设管理公司安全质量监察总部主任工程师，“安全”二字早已根植在他心中，永不能忘。

他认死理儿，待人随和却对隐患绝不手软，为首都地铁建设排险

同事眼里，老童一直挺和气，年轻的同事总是喜欢跟他开开玩笑，同龄的、岁数大的也喜欢跟他聊聊天。但大家都知道，在施工现场，老童可是个“严肃人”，认死理儿——“安全”二字就是他的死理儿。

有一次，一名年轻的安全管理人员巡视现场时走了过场，而恰巧赶上老童到这个单位突击检查，现场走了一圈儿，回来脸就“黑”了。而先前这位年轻人恰好跟老童关系

2016 年 5 月 26 日，19 号线平安里站检查安全生产情况

挺好，大家都以为老童这次能手下留情，可一见面，老童一上来就先提了三条：“一是我带着你现场再检查一遍；二是你给我写一份深刻检查；三是你当月的奖金、施工单位项目经理部要全扣掉。”

年轻人不干了，“凭什么呀!”老童一句话没多说，拉着他回到现场，一下就指给他一毛病：正在搭设的脚手架基础不牢！这个隐患当天就消除了，但检查、扣奖金一样也不能误。施工现场负责人坐不住了，找到公司领导说情，童松的“倔脾气”就是不改，就说一句“人命关天，让我管就得按制度办”。第二天整改完成了，童松给大家点烟，唠家常。可就是这一回，让这位年轻的安全管理员一直记着，每回到了工地都要挨个看、反复筛查隐患。

他浑身是劲儿，抢险 7 天不睡觉，历练成地铁风险筛查的活字典

地铁工程建设工艺不可小看，难度高，施工条件复杂，工程任务繁重，尤其是安全管理这一块儿，一个小动作就像是走钢丝，可这也让老童“压力山大”，怕晚上接到施工现场的电话，但项目部要是不来电话他也怕。顶板上就是文物、隧道在不到 1 米的距离下穿市政管线、不排水就穿河而过……每条地铁线、每个地铁车站、每段地铁区间，都有不少风险源，老童心里有本儿明账，什么工程何时过风险源他都琢磨得到，可一到这时候他就睡不着觉了，而这样的日子在北京的地铁施工过程中每天都在发生。上班了他盯现场，30 米深的基坑他每天要上下几个来回，下班了也要盯手机，密切注意着工地的一举一动。一天天下来，老童有时候困得不行，自己都喊累，可转身凉毛巾擦把脸就继续干起来，“不过咱高兴呀，那么大的工程建设好了，又安安全全，值了！”

可有时候因为人的不安全行为、物的不安全状态，又加

检查安全生产工作

上地铁工程本身就是高风险工程，偶尔也会发生事故。一次地铁工地出了事故，在抢险过程中，老童真是有多大劲儿使多大劲儿，在一线参与救援，一直坚守现场。三天的救援，他就睡了不到七个小时的囫囵觉儿。到了第四天，有人劝他："歇会儿吧，现场还有我们呢。"老童偏偏不听，拿起来他那块破破烂烂的毛巾、过遍凉水擦一遍脸，"得，再看一眼，马上就完事儿了。"

就这样，抢险用了一礼拜圆满完成，值守在现场整整七天的老童，凉毛巾擦了一遍又一遍，眼睛早就红得不行，还努力地挺着，同事拍了他一下肩膀，本想说该回家歇歇了，这兄弟累得自己直接靠墙打起呼噜来。

他往困难里钻，人无我有、人有我强，创出中国地铁首份安全标准

行内人都知道，地铁工程建设最初参考的是铁路安全标准，由于地铁和国铁施工环境和条件不尽相同，这些标准经常会出现水土不服。在一线干了几十年的老童太清楚这种水土不服，决心编制“接地气”的地铁建设安全标准。

编制标准化手册的时候，碰到的困难一个接一个，别说在北京、在全国都根本没有相关的资料可以借鉴。这也难不倒老童，他泡图书馆查资料，一待就是一天；他跑施工现场，满北京的地铁工地都跑遍了；他跟同行取经，大大小小的专家上来就请教、咨询……能想到的办法都用过，能找的人都找了，2013 年《北京市轨道交通建设工程标准化手册》出台并推广，这意味着我国地铁轨道交通建设第一次有了自己的标准。此后，童松又主持编制了《北京市轨道交通建设工程安全生产管理标准化图集》等三本图集。这几套标准汇总了地铁施工中安全和质量控制的各个方面，在全国同行业中均属于首创，填补了国内地铁施工没有统一标准的空白。

2011 年，童松负责的北京地铁安全质量隐患排查与治

在北京市轨道交通安全监控应急指挥中心为参建人员做培训

理系统启动。这套系统可将隐患排查情况随时随地上传到系统；每个隐患的治理情况都在系统中留痕，随时可查……到2014年7月系统建成投入使用，迄今已有累计87个标段、近1500人使用该系统，实现了对公司建设管理的所有项目工作面以及从甲方到施工单位再到监理单位所有领导和安全管理人员的两个全覆盖；累计排查各级隐患28454项，99%已完成整改消除，为提高安全质量管理水平和工作效率发挥了巨大作用。

匠心筑梦，凭的是传承和钻研，靠的是专注与磨砺。北京地铁运营里程554公里，在建里程近500公里，23年来，童松在北京地铁大发展的时代里奋斗，在千百公里的地铁里程中历练，在数以万计的工匠间成长。风雨洗礼 23 载，也正是他以匠心守护首都地铁建设的写照。

用孝心回报慈母情——张博研

张博研，1989 年生，密云区广播电视中心主持人。读高中时妈妈就患上癌症，但一直采取保守治疗。大学毕业被重庆巴南电视台优先聘用，期望靠自己收入为妈妈治病；但妈妈病情转入晚期治疗后费用昂贵，毅然辞职回到家乡密云并说服父亲卖掉家中唯一房产。还省吃俭用，带妈妈到外地旅游，极尽孝心。同时，在工作中身兼数职，勤奋敬业，荣获了北京市优秀播音员主持人等多项荣誉，他的担当进取精神为年轻人做出表率。

张博研，中共党员。他用行动体现着中华民族爱老孝亲的传统美德，在不断取得工作上成绩的同时，无微不至地照顾着身患重病的妈妈，为年轻的一代做出了表率。

照顾母亲，放弃外地的高薪工作

2011 年，张博研大学毕业后，凭借优异的成绩被重庆巴南电视台优先聘用。这让张博研内心很纠结，他知道应该回到妈妈的身边，可他又知道只有多挣钱才能改变贫寒的家境，才能为妈妈提供更好的医疗条件。张博研在巴南电视台崭露头角，得到了观众的喜爱，更是得到了台领导的高度肯定，对他的评价是“前途不可限量”。然而，就在张博研踌躇满志以极大的热情投入到工作中的时候，一个不幸的消息传来，妈妈病情加重。张博研是狠着心向台领导提出辞呈的。面对真诚的挽留，张博研说：“我要回家为妈妈治病，妈妈最需要我出现在她的身边。”张博研辞职后，回到了他

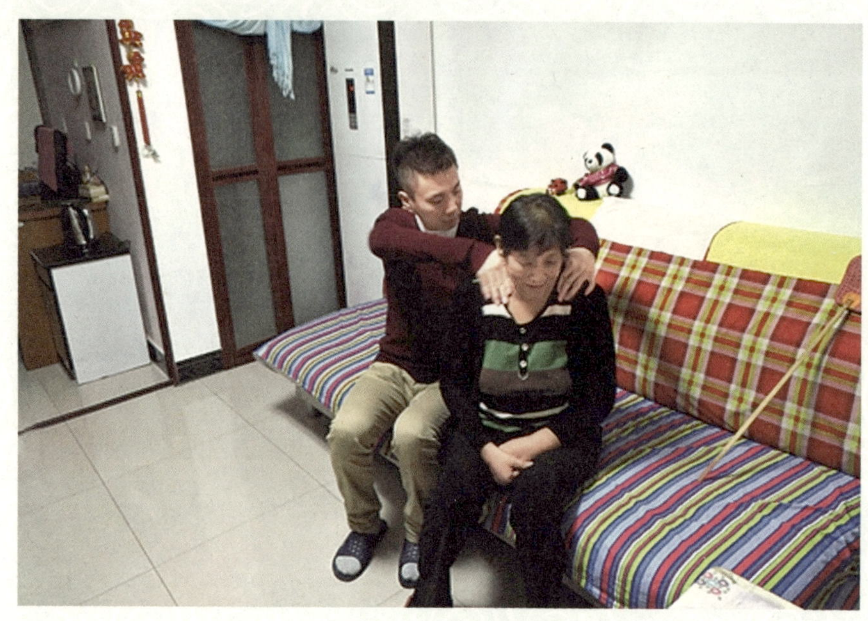

为母亲捏肩

的家乡密云，应聘成为密云区广播电视中心的主持人，选择这样的工作是以能天天照顾妈妈为前提的。但是，身为老共产党员的妈妈却不这么认为，说儿子应该以事业为重，为国家和社会做出贡献。那一刻，张博研和妈妈两个人的泪水流到了一起。

卖掉唯一的楼房，为妈妈治病

张博研很快适应了新的工作岗位，能在工作之余每天照顾到妈妈，这让他很欣慰。然而，这样的日子没过多久，更大的打击又降临到这个家庭。2012年10月，张博研妈妈的乳腺癌发展到了中晚期，必须要采取手术治疗。听到这个消息后，张博研却坚强了起来，他知道自己是这个家的顶梁柱，他要挑起家庭的重担，也要给妈妈战胜病魔的信心。

妈妈手术后因为肝脏不好，无法进行化疗，医院推荐注射一种进口的药物，每隔20天注射一次，而一次的费用就是24500元，由于这种药不能走医保报销，光靠张博研的爸爸和他两个人的工资根本不够。他想到的唯一办法就是卖掉家里唯一的一套楼房去救妈妈。

张博研将想法告诉他的爸爸，他父亲听后坚决不同意：

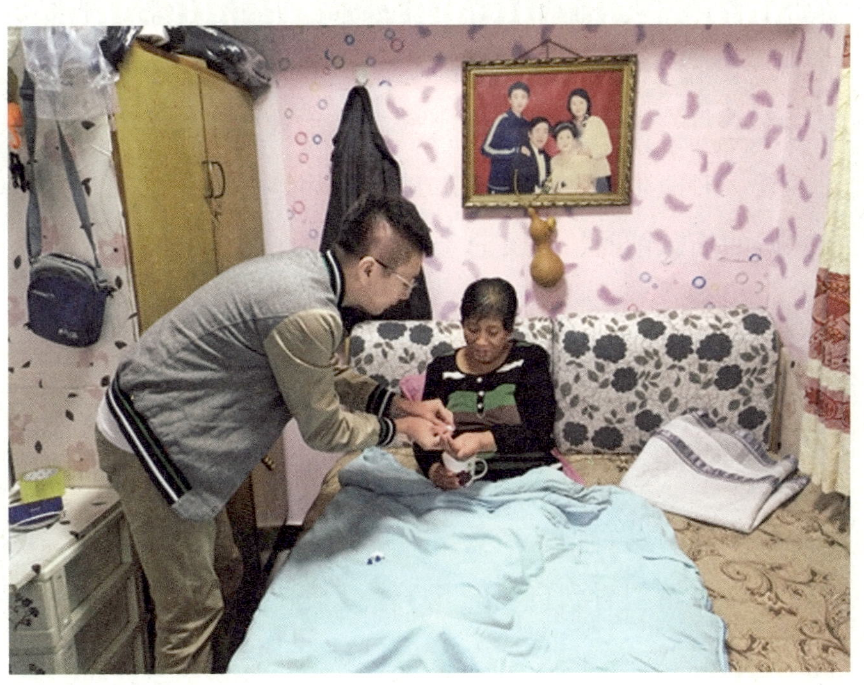

帮母亲吃药

因为考虑到张博研还没成家，而家里这唯一的一套楼房是留给他的家产，要是卖了儿子真就什么都没有了。但是张博研却对他的爸爸说：“您和妈妈就是我的天，天要是塌了，要房还有什么用。”在反复做爸爸的思想工作之后，张博研的爸爸终于同意将房子卖掉了。当爸爸把这件事情告诉妈妈时，妈妈知道儿子把房子卖掉是为了给自己治病，难过地哭了。张博研却笑着说：“妈妈的健康就是我最大的幸福。”宽敞的楼房，变成了仅 30 平方米的狭窄的蜗居，可张博研心里踏实。

妈妈住在北京大学第一医院，距离密云近 100 公里，张博研不管是白天录制节目还是出外景，工作结束后，他都要乘坐公交车赶往医院去照看妈妈。一天、两天、三天……常常是在公交车上就睡着了的张博研，走起路来腿像是被绑上了沙袋，有时他也会在没人的地方偷偷地掉眼泪，可当出现在妈妈的病床前时，他又总会是一幅阳光灿烂的笑脸。

努力工作，做让妈妈骄傲的儿子

张博研的妈妈是名老党员，经常教导他要努力工作，认真做人，也希望看到自己的儿子在工作上有所成就，成为家里的骄傲。

播音、电视、主持、策划……在密云广播电视中心，张

做电台节目

博研同时在几个岗位上工作，无论是做什么他都是尽心尽力。几年来，他荣获了首届中国影响力电视节目主持人评选银奖、北京市优秀播音员主持人等诸多的荣誉。张博研知道，自己努力地在工作上做出成绩，把对妈妈的爱化作工作上的动力，这就是对妈妈的最大孝顺。

有一次张博研接到单位的外拍任务，需要爬上海拔 1000 多米的高山拍摄日出，而那天他从医院回到家已经是深夜 11 点多了，为了不耽误拍摄计划，在家休息不到 1 个小时的张博研就背上行囊和同事一起出发。由于是深夜时分，山又极其险峻，张博研和他的同事连走带爬了 4 个多小时之后才找

市委讲师团宣讲

到了预定的拍摄地，由于日出只有短暂的一刻，为了能够站在最美的画面中出镜，刚爬上拍摄地的他来不及休息便拿着手电筒照着出镜词仔细地背了起来，当看到太阳缓缓升起的那一刻，张博研仿佛看到了新的希望，他知道自己努力工作对于妈妈来讲便是莫大的精神安慰。

有人问张博研，“你照顾生病的妈妈已经够累的了，怎么还能那么精力旺盛地工作?”他说：“孝顺妈妈，就要听妈妈的话。妈妈让我努力工作，我就要在工作上做出成绩，要让妈妈骄傲她有个好儿子。”

张博研的妈妈一直有个心愿就是希望他能早点成家，可每次他都说自己还小，不着急。其实张博研是把大部分的时间和精力都放在了照顾妈妈和努力工作上，现在的他根本没有时间去谈恋爱。生活中张博研从不乱花一分钱，省吃俭用节省每一分钱为妈妈治病。同时为给患病的妈妈晚年生活多增添一些快乐，张博研还利用假期的时间带着从没有坐过飞机的妈妈到外地旅游，让妈妈愉悦身心，尽早恢复健康，尽到他作为儿子的一份孝心。

[热心公益]

让偏远山区的百姓见到大医生——张晓艳

张晓艳，1966 年生，中日友好医院皮肤科主任医师。2015 年 3 月 5 日张晓艳倡建的全国社区医疗服务志愿团，目前已拥有顶尖专家志愿者九百多位；他们多次走入革命老区、贫困山区等地为百姓公益医疗。在重阳节等节假日，带领专家们分别前往河北、陕西、黑龙江等地，让百姓在家门口就见到了大医生。

2015 年 3 月 5 日，全国第 52 个“学雷锋日”，张晓艳在中华志愿者协会社会工作与志愿服务沙龙上，倡建全国社区医疗服务志愿团，该倡议引起全社会特别是医疗专家群体的热烈反响。

张晓艳从繁重的日常工作中硬是挤出时间，奔忙于专家邀请、团队规章建立等繁杂琐碎的建团工作。

凭借张晓艳在全国医学界多年的行业影响力，该团获得

培训山西武乡基层医生

在河北隆化给基层医生讲座

全国各地医疗专家们的积极支持和响应。该团迅速发展壮大，目前已拥有 900 多位专家志愿者，主要为北京知名三甲医院的著名专家和各大城市三甲医院的顶尖专家，目前迅速发展成为国内规模最大、水平最高、服务基层次数最多的全国性医疗志愿服务社团。

从京郊大地到秦岭南侧的南水北调水源地，从北大荒到巴蜀山区，张晓艳和全国社区医疗服务志愿团的专家们先后走入革命老区、贫困山区、京津冀经济圈新建社区等地，把医疗志愿的公益阳光送到基层百姓的身边，有助于缓解百姓看病难的问题，有利于北京的人口疏解。

在八路军司令部旧址所在的山西武乡，刚从国外参加完学术交流活动的张晓艳，强忍倒时差的困倦，在半天时间里为 120 多位患者义诊。

在董存瑞炸碉堡的牺牲地河北隆化，张晓艳和专家们在结束了一天的义诊后，特地摸黑前往烈士牺牲地瞻仰，用志愿服务的方式告慰英灵。

在重阳节，张晓艳带领志愿团专家们前往密云鼓楼街道福利院，为孤寡老人送上健康温暖。义诊同时，她还一次次搀扶着老人们来到相关专家的义诊台前，帮着向专家介绍病情，向病人解释诊疗结果，毫无名医专家的架子。

在国际志愿者日，她带领志愿团专家前往河北固安，为北京人迁居住户较多的新社区送去医疗公益的爱心温暖，有益于推动京津冀诊疗水平的均衡化发展。

2016 年七一庆祝建党 95 周年之际，志愿团专家们坐飞

国际志愿者日——河北固安义诊活动时代表志愿者发言

河北固安义诊

机倒汽车，从早走到黑，赶赴陕西白河县开展大型义诊活动，代表首都人民感恩回馈南水北调水源地百姓。

在黑龙江农业大县宝清，张晓艳身体不适，但她绝不因病倦息，始终对病人亲切问诊、耐心解惑，在嗓子沙哑、眼睛干涩的时候，只能喝口水润一润，眼睛闭一闭，继续认真为百姓看病。

这样的感人场面还有很多。也许对张晓艳和全国社区医疗服务志愿团专家们来说，这些都习以为常了，但对于基层百姓，在家门口就能见到医疗专家，困扰已久的病痛能获得权威专家的诊治，不啻是件天大的好事。而基层医护人员不仅能近距离获得身兼博士生导师、教授职务的医疗专家们面对面的指导，而且拥有了能通过网络通信时时求教的良师益友，则更是一件提高当地医疗水平的大好事。

作为第十四届北京市人大代表的张晓艳，一直不忘人民为先的初心，多次为民发声，认真履行人大代表的职责。如今，她和全国社区医疗服务志愿团的专家们，正在生动践行着习近平总书记“努力全方位、全周期保障人民健康”的重要讲话精神，充分发挥“医者仁心、大爱无疆”的医疗志愿服务精神，助力健康中国的建设。

为人民服务可以无限——李　颖

李颖，1974年生，东城区东四七条居民。因分娩时视力受损导致李颖近乎盲人。2002年学习按摩开办“志坚坊按摩店”，2008年起义务为奥运志愿者按摩并创立“京城小雷锋志愿者团队”，每周六上午为行人指路、按摩义诊等，八年风雨无阻；还为贫困生募捐款项达21万余元。近几年与京东网合作，每年为残疾人安排几十个岗位。

李颖家住南板桥胡同，自幼视力不好，戴着高度近视眼镜。中专毕业后，她开过美发店，还当过乐队主唱，生活得也是有滋有味。生活的转折点出现在 2001 年，李颖当上了准妈妈，但由于高度近视，她的眼睛在分娩时受损，视力降至 0.01 以下，最严重的时候，连怀抱在眼前的孩子都看不清模样。

一年以后，李颖与丈夫离婚，成了单亲妈妈，人生陷入低谷。为了生存，在东四街道残联、社区的鼓励下，2002 年底，李颖开始学习按摩，在胡同里开办了“志坚坊按摩店”。2008 年奥运期间，全民的奥运热情感染了李颖，她义务为东四地区的 1000 多名奥运服务志愿者开展免费按摩，用自己的一技之长表达了支持奥运的决心。在参与奥运志愿服务的过程中，李颖的心胸豁然开朗，从一个自怨自艾的弱势群体转变为一名充满朝气的社区志愿者，在奉献社会、关爱他人中实现了自身价值。

参加街道学雷锋志愿服务活动义务按摩

创立“京城小雷锋志愿者团队”，坚持学雷锋志愿服务

从2008年起，李颖带领一批东四九条小学的学生，在朝内小街14号建立了“学雷锋”志愿服务岗，坚持每周六上午开展学雷锋志愿服务活动，为东四地区社区居民、过往行人指路，自行车打气，免费按摩、义诊等。八年来，小雷锋志愿者团队的队员随着年龄的增长，人员时有更替，但是，每周六上午的学雷锋志愿服务活动，不论春夏秋冬，寒

冬腊月，从未间断过。近年来，越来越多的盲人受到李颖的感召，加入到“京城小雷锋志愿者团队”中来，志愿服务内容也从按摩、义诊，扩展到为贫困地区募集物资、捐资助学。“京城小雷锋志愿者团队”先后获得东城区学雷锋品牌团队、北京市志愿者之星、北京市五星级志愿者团队等光荣称号。

关心贫困山区儿童，身体力行开展民间捐助

生活的磨难和长期与残疾人群体的接触，使李颖对困难

为河北贫困山区学校筹集物资

和贫困山区学校的孩子们成为好友

群体的生活状况十分关注。2013 年，一个偶然的机会，李颖看到朋友从云南丽江发来的最贫困小学的照片，被深深触动。从此，小雷锋志愿者团队在每周六的志愿服务项目上，增加了为贫困学生捐助的内容。李颖制作了宣传材料向路人发放，并带领队员们动手制作小手工艺品，将义卖所得作为向贫困小学邮寄捐助物资的邮费。从 2013 年到 2015 年，李颖带领的志愿者团队向云南丽江的黎明小学、河北阜平的古洞小学、阜平的吴王口小学、内蒙古的丰正小学的贫困学生累计捐助现金三万余元，通过社会上的爱心企业、爱心人士募集校服、书包、窗帘、文具、图书、电脑、电暖器等物品，价值总计 21.4 万元。2014 年和 2015 年，李颖两次带领志愿者团队深入贫困山区对口帮扶，由于山区难以行车，许多山路需要步行，队员们因为视力都不好只能相互搀扶，其间，还要携带大量捐助的物资，行程相当艰辛。李颖每次都走在最前面，为队员大声鼓劲儿。

帮助盲人自强自立，传递无私奉献精神

李颖性格活泼开朗，乐于助人，多年的志愿服务工作使她在东四地区和残联系统拥有了较高的知名度。但李颖从未利用这些资源为自己谋福利，而是把大量精力放在志愿服务和帮助残疾人自强自立上。

盲人的世界里没有现实的五彩缤纷，只有单纯的黑色，由于出行的不便，使得众多盲人朋友几乎过着与世隔绝的生活，生活单调，消息闭塞。李颖多年从事盲人按摩，对盲人的困难感同身受。为了让盲人朋友接触到外面的世界，了解更多的新闻资讯，李颖通过调查得知苹果手机有语音功能，很适合盲人朋友使用，于是一次又一次的去苹果专卖店，和那里的负责人洽谈，苹果专卖店的负责人被她的真诚与爱心感动，专门为盲人开设了讲座课程。通过学习，盲人朋友学会了如何使用触屏手机、如何上网、如何了解大千世界……

在健全人的意识里，盲人除了做按摩，其他什么都干不了。为帮助更多盲人朋友走向社会，李颖与京东网建立了合

志坚坊盲人按摩院经常参与地区志愿服务活动

作关系，每年为盲人和其他残疾人安排几十个适合的岗位。遇到生活有困难的残疾人，李颖利用自己的人脉，主动给他们介绍工作，帮助他们树立生活信念，改善生活条件。

其实，李颖不但视力残疾，而且身体里多处患有肿瘤，体质特别差，工作中经常会晕倒。但是乐观、开朗、无私和博爱之心使她一次又一次在与病魔的抗争中获胜。

李颖自强不息的精神影响和感召着周围的人，一些大学生和盲人家属也主动参与志愿者团队的日常工作。随着这支队伍不断壮大，他们自强不息、无私奉献、热爱生活的精神将无限传递！

2016
北京榜样
特别奖

[敬业奉献]　　范　涛

[敬业奉献]

情怀事业，无私奉献——范 涛

范涛，1971 年生，北京市网信办调研员。患脑胶质瘤做了手术，医生诊断他的生命不会超过半年，但以坚强的意志、乐观的态度与病魔抗争了七年。即使在患病期间，仍心系事业，在本职岗位上做出了突出贡献。生前谢绝了基金会筹到的用于后续治疗及护理的款项，并预嘱将遗体无偿捐献给医学事业。去世后捐赠的器官已经让五位患者获得了新生。

范涛曾历任北京日报记者、编辑，北京市互联网宣传管理办公室网络新闻管理处副处长、北京市互联网信息办公室调研员。他忠诚于党，勤恳工作，热心待人，始终保持旺盛的工作热情，指导互联网行业做好网络新闻舆论工作，赢得了他所工作过的单位及工作对象的一致称赞。2009 年 9 月，范涛因患脑胶质瘤，做了脑部手术。2013 年 7 月复发，多次住院治疗，与病魔抗争了七年，于 2016 年 8 月 26 日不幸去世，时年 45 岁。范涛在临终前将遗体无偿捐献给医学事业。即使在患病期间，他也一直心系工作、情怀事业。

在众多同事和他服务过的网站工作者的眼中，“敬业”和“平易近人”是最适合范涛的标签。

2006 年，范涛迎来了北京市互联网宣传管理办公室成立后的第一批新同事。他们中，有的是刚入职的新人，有的虽然有工作经验，却没从事过互联网行业，最初的工作常常不知道该从哪儿入手，不少人都是由范涛领进门的。一位新同事对接到的任务很踌躇，但大家都非常忙，也不好意思去请教，是范涛主动走到她身边，耐心地教她怎么做。刚成立的单位，尚未明确处室设置，大家经常看到的是范涛忙碌的身影和他指导新同事工作时的微笑。

另一位同事回忆起了范涛工作生活的一个细节。一次，大家在打扫办公室的时候，把废弃的文件和纸张一股脑装进了角落的袋子里。等大家打扫结束离开后，这位同事发现范涛把袋子里能用的纸张一张一张收拾了回来。“他很懂得珍惜，这给我留下很深的印象。”

2009 年 9 月，因患脑胶质瘤，范涛进行了脑部手术。术后恢复了一段时间，他就回到了岗位继续工作。当时，办里正在举办北京地区网站编辑业务培训班，一节编辑实务课没有确定教师，有同事就问范涛能不能去讲，范涛回答：“需要我，我就去。”授课的地点是在中国人民大学，他从单位打车到了学校，因为是下午，路上比较堵，并且出租车进不了人民大学校门。当时，范涛的腿还没有恢复好，他下了车，拖着病腿往教室赶。同事劝慰他别太着急，他却说：“我不要迟到，好多人等着我呢。”

作为北京市互联网信息办公室的工作人员，范涛经常要与北京属地各大网站的人们打交道。据新浪网副总编辑周晓鹏回忆，虽然因为工作职能的关系，网站常常处于被批评的角色，年轻气盛的网络媒体人常常与管理要求磕碰不断。但每次，从公事公办的程序中，他们中的很多人都能感受到，范涛对他们个人的爱护以及为人处世的正派。

在进入网信系统工作前，范涛供职于北京日报，还是位

“很拼的”记者。2000年底，北京日报社选调最精锐的力量组建了特别报道部，这是全国省级党报第一个全天候深度报道部门，也是最苦的一个部门。它没有任何领域之分，围着新闻走，而且是围着重大新闻走。范涛就是其中的一员，他在各种急难险重采访面前，始终能够沉稳大气，遇事不慌，表现果敢。

2004年，京民大厦发生大火，特别报道部对这个新闻题材很看重，认为探究背后的原因，对火灾的防控很有意义。后来，借消防局领导来考察的机会，特别报道部决定把这篇新闻做出来，范涛说，“我上。”

接到任务是在下午4点半，晚上10点前一整版的稿子要全部写出来。范涛利用消防局领导检查工作、甚至吃晚饭的时间去了解信息，终于用执着打动了采访对象，获取了京民大厦大火的核心信息和细节以及背后的原因揭秘。晚上6点半，没来得及吃饭，范涛就回到电脑前开始写稿，9点40分，敲完最后一个字，理顺稿件，提交，后方编辑开始审稿编稿。等编辑中途去洗手间的时候，看到范涛躺在沙发上，脸色非常不好。原来，短短两个小时时间挖掘出一篇5000多字的深度报道，高度紧张过后，范涛发烧了。后来，编辑回忆起来时说，“这是我在深度报道的经历里头，非常非常典型的一次。这就是范涛业务能力的体现。这是他的刚与强。”

范涛患病后，医生诊断他的生命不会超过半年，但他始终没有放弃，用坚强的意志、乐观的态度和顽强的生命力与病魔抗争了七年，以超人的承受力一次次战胜病魔，战胜自我，直到生命的最后一刻。临终前，他将遗体无偿地捐献给了医学事业。

做记者时，范涛就十分关注器官移植，曾写过四篇关于器官移植的内参。他知道，在我国有很多病人，需要器官或组织的移植，需要公民死亡后的器官捐献。

2014 年春节后，范涛通过在北京大学人民医院神经内科当大夫的邻居认识了中国人体器官捐献协调员高杰，咨询器官捐献事宜。实际上，因为得了脑癌，范涛明白自己随时可能会离开人世，所以他非常焦急，想尽快把器官捐献的事情落实。2014 年 3 月 3 日，范涛签署了所有的知情同意书，包括器官捐献和遗体捐献的申请表。

范涛生前所在的临终关怀机构的工作人员也说，这是他们见过的第一个有意识做生前预嘱，并且在疾病晚期进行姑息治疗的病人。一家基金会曾为范涛筹到一笔款项，用于后续的治疗以及长期护理。但范涛和他的父亲拒绝了。范涛说，自己得病之初得到了亚洲最好的医生的救治，后续又有单位和朋友进行了资助，他很知足了。范涛去世后，基金会为范涛的父亲送去资助款，老人家依然拒绝，说希望能够救助更多的人。

一边是死亡，一边是新生。范涛去世后捐赠了自己的两个肝脏，两个肾脏，两个角膜。现在，这些器官已经在受捐病人身上很好地发挥着功能。范涛虽然离开了，但是另外五位患者得到了新生。没有火化，没有墓碑，范涛用另外一种形式活在了爱他的人们身边。

2016
北京榜样
提名奖

[助人为乐]	王子惠	徐聚民	方　毅	刘清池		
[见义勇为]	曹　健	张佳佳	于国刚	刘守成		
[诚实守信]	杨慧琦	彭宏光	胡争光	付　静	兰国栋	
[敬业奉献]	陈培荣	孔　博	闫　丽	金　朝	孟繁信	仉锁忠
	王琳娜	焦　翔	李　鑫	石秀冬	陈献森	赵　明
	益小苏	冷刘喜	田金洲	王　曌	李二伟	李　迪
	韩志强	郑　浩	史春旭	刘　军	白　松	
[孝老爱亲]	韩桂英	杜凤英	段玉仙	王凤双		
[热心公益]	张志伟	徐春妮	李　理	陈文森	任永阳	
	米尔扎提·木莎		闫洪新			
[自强不息]	孙桂兰	赵　月	唐占鑫	孙筠友、彭俊周夫妇		

提名奖［助人为乐］

王子惠：美女医生商场急救产妇

王子惠，1990 年生，北京朝阳医院药事部药师。2016 年 8 月 15 日晚，她在商场卫生间偶遇一产妇急产，婴儿没有声息；她迅速运用在产科实习时学到的方法紧急处理，婴儿终于有了第一声啼哭。但产妇情况危急，请商场协助迅速与本院联系急救，急救车走后还向同事询问直至母子平安才放心。次日“美女医生”的善行义举走红网络，广受赞誉。

徐聚民：“扶”起人心的村官

徐聚民，1993年生，门头沟区水峪嘴村大学生村官。2015年12月1日傍晚徐聚民与朋友驱车途中，发现前方有人受伤昏迷，地面到处是血。为防止被后车碾压，考取过救援证的他小心将伤者移至路边，二人迅速报警，使伤者得到及时救助。此事在“共产党员”等公众号报道后诸多网友留言点赞，称他们“‘扶’起了人心”。

方毅：好医生义务服务 15 年

北京榜样 2016

方毅，1945 年生，丰台区东高地街道六营门社区居民。2001 年自卫生站退休后，就自备医药箱并在自家辟出“小小诊疗室”为社区居民义务服务已 15 年。她不仅给每位老人建立了详细的健康档案，遇有求援还随叫随到，多次现场施救并帮助送到医院直至平安。即使是自己刚做过心脏支架手术，也依然坚持“上班”。

刘清池："金板寸"暖心服务 25 年

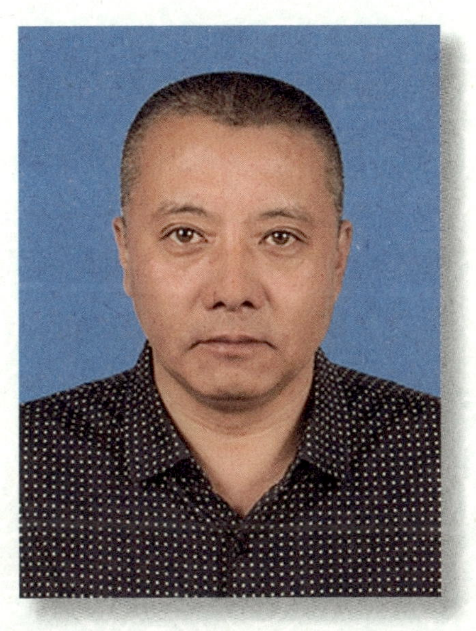

刘清池，1966 年生，北京"金板寸"文化发展中心总经理。曾为神舟六号、七号航天英雄出征前理发，25 年如一日为孤寡老人、残疾人、清洁工、武警战士等义务上门理发 6000 余人次，为武警部队培养 200 名理发员、赠送 200 套理发工具；还带领员工多次为灾区捐款捐物，上门为残疾老人、癌症患者临终义务服务，让家人感动不已。

提名奖［见义勇为］

曹　健：侠肝义胆捍安宁

张佳佳：无惧生死救他人

于国刚：火中救人有勇有谋

刘守成：为两个孩子保住了性命

曹健：侠肝义胆捍安宁

曹健，1980 年生，通州区次渠社区卫生服务中心医生。2016 年 3 月 19 日，他与家人到商场购物，遇一醉酒男子持带钩铁棍在人群中胡乱挥砍。他只身冲上前去抱住该人抢夺凶器，最终在众人相助下制服醉汉，自己已多处受伤，腹部伤口长达 18 厘米，商场为他送来锦旗。

张佳佳：无惧生死救他人

北京榜样 2016

张佳佳，1988 年生，武警交通第九支队驾驶班副班长。2015 年 9 月 22 日，他经过延庆区一路口时，看到两只藏獒和一只大狼狗正撕咬一个满身是血已无力反抗的老人，他立即下车与恶犬搏斗也被严重咬伤。在几近昏厥的情况下，强忍剧痛送老人去医院。事后，事主双方探望他时递上红包谢救命之恩，被他一一谢绝。

于国刚：火中救人有勇有谋

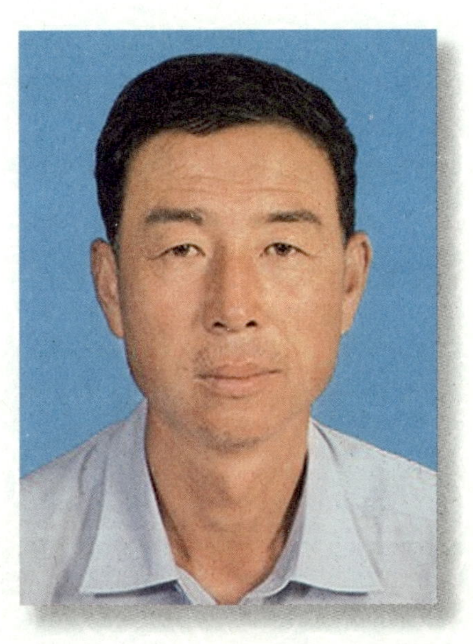

于国刚，1962年生，顺义区高丽营镇三村村民。2016年3月27日，于国刚发现一租户家火苗已窜上房顶，租户家有大量木头纸箱，门还被反锁。他与邻家小伙合力将门踹出大洞，救出一七旬老太；又指挥小伙踩踏自己身体翻墙，自己在外接应救出三个孩子。因地势狭窄消防车不能同时进入，他又帮助接力抽水，半小时后大火被扑灭，没有蔓延和造成人员伤亡。

刘守成：为两个孩子保住了性命

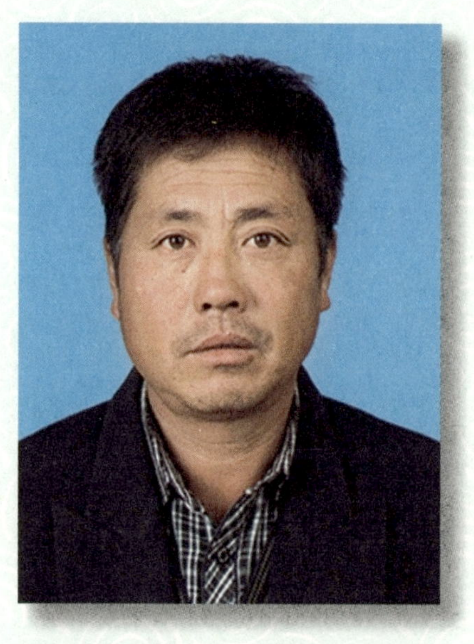

北京榜样
2016

刘守成，1966 年生，顺义区大孙各庄镇小坝洼庄村村民。2015 年 7 月 18 日，刘守成去马尾镇捕鱼时忽听有人喊救命，隐约见两个小孩儿在水面挣扎，他迅速游过去先将还露脸的小孩救起随即再次入水。水流湍急第一次没能成功第二次潜入水中终将第二个孩子救上岸，此刻救护车已到，两个孩子都保住了性命。事后孩子父母来致谢，村里人才知此事。

提名奖［诚实守信］

杨慧琦:“90后”女孩打造诚信葡萄农庄

彭宏光:诚实守信的“鸭司令”

胡争光:坚守诚信不负良心

付　静:为老百姓做良心药

兰国栋:巨款面前见真金

杨慧琦："90后"女孩打造诚信葡萄农庄

杨慧琦，1990年生，兴业富农果蔬种植合作社理事长。杨慧琦2013年开始带动百余农户打造1500亩地的葡萄农庄；事业刚有起色她就患上恶性肿瘤，每日靠电话遥控实现管理。大病初愈后她四处考察专注社群经销，建立了"葡籽"粉丝群，打造儿童农乐园，尝试认养葡萄树等活动获得成功，2015年仅"小葡萄大世界"活动就实现销售额80万元。

彭宏光：诚实守信的“鸭司令”

彭宏光，1965 年生，北京大营宏光肉鸭专业合作社负责人。2003 年的“非典”和转年的禽流感令鸭肉滞销价格大跌，彭宏光对 300 多养殖户信守合约按合同价收购，并设法贷出 300 万资金扶持困难户。疫情过后鸭子成了抢手货，他坚持先供应合约客户，回绝了想高价收购的客户。因良好的诚信口碑，他在河北建起多个养殖基地，事业正向全国发展。

胡争光：坚守诚信不负良心

胡争光，1982年生，北京百尚家和商贸有限公司总经理。得知一批已售出的鞋子没“固胶”，他张贴回收广告，宁亏自己不负顾客；发现曾帮他解燃眉之急的最好朋友销售劣质次品，他没收了货物再用自己的钱买下让朋友羞愧难当。他坚持“对谁都不能不公平”，靠诚信，他经营的商场成为周边消费人群购物休闲的首选场所。

付静：为老百姓做良心药

付静，1965 年生，北京康仁堂药业有限公司副总经理。她的理念是做良心药，即便在公司濒临破产的情况下也从不改初心。2009 年甲流肆虐，公司以 10 倍高价购入的十几吨金银花经检验竟掺入了硫酸镁。为防止再进市场，她将其全部就地销毁。后因柴胡发生全国性质量问题公司断货，她也坚持不进掺假次货，为康仁堂赢得了信誉。

兰国栋：巨款面前见真金

北京榜样
2016

兰国栋，1943 年生，石景山区西黄新村北里居民。他因收入较少经常在小区捡拾废品以贴补家用。2016 年 4 月 30 日，他发现垃圾桶旁有一个黑色塑料袋，居然是一袋子钱。老人径直送到了物业，足足有 22 万元。巨款失而复得让失主流下热泪。他平日热心公益，省下的钱物都毫不犹豫地捐给了灾区和贫困儿童。

提名奖［敬业奉献］

陈培荣：“幸福教育”的奠基人

孔　博：大学生回乡创业　带动三千农户致富

闫　丽：解文物修复百年难题

金　朝：让涉罪少年沐浴爱之光

孟繁信：我以我心育君子

仉锁忠：高票连任的好书记

王琳娜：候车室最美的笑容

焦　翔：中国声音的坚守者

李　鑫：直面感染病的特殊战士

石秀冬：老年听众的真诚朋友

陈献森：让藏民服气的好书记

赵　明：为了通州百姓的宜居梦

益小苏：让中国技术走向世界

冷刘喜：攻坚提效开创先河

田金洲：痴呆患者的希望之星

王　婴：中国制造让数万人重见光明

李二伟：变废为宝自制教具 400 件

李　迪：让警徽在反恐一线熠熠生辉

韩志强：援疆韩老师“北京亚克西”

郑　浩：传说中的 IT 战警

史春旭：幸福就是永远和学生在一起

刘　军：最美农民工程师

白　松：佩戴国徽的“白大夫”

陈培荣：“幸福教育”的奠基人

陈培荣，1964 年生，东城区景泰小学校长。她以“幸福教育”为办学理念，为孩子们在童年时期铺筑道德和人格基石。她提出“让学生享受幸福的教育，让教师享受教育的幸福”；创建了以“人人体验”为特色的 7 类 14 项 45 门“人人”系列校本课程及《景泰小学学生学习习惯培养目标》；使该校成为同行嘉许的名校。

孔博：大学生回乡创业　带动三千农户致富

北京榜样
2016

孔博，1986 年生，密云区河南寨镇两河村人。2012 年他辞掉白领工作回密云创办网店“蜜农人家”，专卖有机蔬菜和本地农产品，一年苦拼销量完胜同类网店。在区政府帮扶下网店全面升级，2015 年他在首都青年创业大赛千名选手中夺冠又获扶持资金。如今与全区 50 余家合作社签约，2016 年预计销售额 2500 万元，带动了 3000 家农户增收。

闫丽：解文物修复百年难题

闫丽，1980 年生，首都博物馆技术部副研究馆员。120 小时一个周期的微生物培养，她做了无数次，2010 年终于发明出清除丝织文物上血渍和结晶盐的高效生物制剂，获国家发明专利 3 项。之后她被累倒，病愈出院后又用 4 年时间捕捉到如绒毛划过手心般触感的最佳揭展力，用生物揭展剂解决了困扰书画修复百年的难题。

金朝：让涉罪少年沐浴爱之光

北京榜样 2016

金朝，1981 年生，丰台区人民检察院检察官。温情检察官金朝在“未成年人附条件不起诉”的理论和实践上均有建树。他通过调研制定的适用标准可操作性强，已作为市规范性文件下发。他带领处室对 65 名青少年做出不起诉处理，50 名顺利回归社会重启人生，其中有当选为学生会主席的、有考进大学的、有被企业评为员工榜样的。

孟繁信：我以我心育君子

孟繁信，1956年生，通州区于家务中学校长。从教39年、担任中学校长15年，他修身正己用心为师，以中华文化精髓影响师生，力倡培育谦谦君子；营造出教师爱生乐教，学生仁孝善学的校园氛围。学校创编了《中华传统美德与现代做人教育》等10本教材，每年举办“传美德诵经典润心灵”校园艺术节，以德化人、以文化人。

仉锁忠：高票连任的好书记

仉锁忠，1967 年生，房山区窦店村党委书记。仉锁忠 33 岁时接过窦店村大旗，16 年间各项经济指标实现十倍甚至几十倍的增长，形成了生物医药、汽车、肉牛和新兴工业四大产业集团；至 2013 年窦店村农村经济总收入达 21.6 亿元，人均纯收入过两万元，上缴国家税金首次突破亿元大关，创历史最高纪录；高票连任四届好书记。

王琳娜：候车室最美的笑容

王琳娜，1983年生，北京西站036候车室值班员。036候车室的服务对象是老弱病残孕，平均每个班需步行20里。她在这个岗位工作了14年，重点旅客服务册可记录百人，她三天就用一本；其中有刚做完手术的贫困父子、也有离家出走的叛逆男孩。她带领全组收获了无数表扬信和锦旗，被誉为候车室最美的笑容。

焦翔：中国声音的坚守者

北京榜样 2016

焦翔，1984 年生，人民日报社西亚非洲编辑室副主编。2011 年 1 月至 2014 年 4 月，作为战地记者在叙利亚、利比亚、埃及等中东国家采访，克服行李遗失、军警阻挠等困难，深入战地和贫民窟孤身奋战，用多媒体手段发出“中国声音”；文字总量超过百万，图片六万余张，若干内参得到中央领导批示。此间他右耳被炮火震成突发性耳聋错过最佳治疗期。

李鑫：直面感染病的特殊战士

李鑫，1972 年生，北京地坛医院科教处副处长。作为中西医结合的感染病专家，他不仅为艾滋病的救治做出突出贡献，在“非典”、甲流、手足口乃至埃博拉等历次重大疫情面前，他都是率先报名临危受命第一批进驻病房；援疆到和田传染病医院时还学习维语，热心为患者服务和捐款治病。赴几内亚前他在遗书中写道：“在保护人类健康的战场上，你从未退缩过。很好！”

石秀冬：老年听众的真诚朋友

北京榜样 2016

石秀冬，1971 年生，北京人民广播电台节目主持人。她主持的《老年之友》节目连续 7 年被评为优秀栏目，节目中她率先提出“关心上一代”的口号。节目之外她组织志愿者为空巢老人送温暖、为金婚老人办庆典，组织老年听众到高科技企业参观、过重阳节等等，还帮十几位老人实现了捐献遗体的愿望。一年下来公益活动多达百余次。

陈献森：让藏民服气的好书记

陈献森，1972 年生，北京援藏干部，曾任拉萨市堆龙德庆区委书记。他 2013 年 6 月进藏，第六天遇特大山洪，他不顾安危火线指挥，赢得尊敬；四个月后二三百人因安置费上访，他成立 14 个工作组逐户调研重新审定补偿，依法对七名贪官全部判刑。三年间他走遍了全区 2700 平方公里，研究解决五六百项重大事项、三十多项历史遗留问题；使当地发展驶入快车道。

赵明：为了通州百姓的宜居梦

北京榜样 2016

赵明，1967 年生，通州区房屋征收事务中心主任。坚持惠民政策数次勘察改造区域，探索出房屋征收的新标杆新方法新流程新制度，在司空小区创建了十个“第一”、奖励期内签约率达到 96%；在潞城棚改项目中实现了“零上访零投诉零强拆”、签约率达到 99.9%，锦旗收到 69 面，打赢了副中心建设的关键一仗。

益小苏：让中国技术走向世界

益小苏，1953年生，中航复合材料有限责任公司副总经理。为使我国航空复合材料技术赶超国际前沿，他领导其科研团队建立了两大复合材料产品系列，实现了中国自主知识产权出口。三十多年来，他先后培养出硕士博士生近百人，授权和申请的国际、国家和国防发明专利逾四十项；还拿出自己的全部奖金35万港元设立了“益材基金”以表彰科研英才。

冷刘喜：攻坚提效开创先河

冷刘喜，1970年生，京丰燃气发电有限责任公司维护部副部长。面对国内首批引进的9F级重型燃机，冷刘喜带领团队开创了国内F级燃机生产技术管理新模式，有效控制了检修中每一个细节，还靠节能为公司节省了上千万元支出。2008年，他负责供热改造工程，效率由原来的56%提高至70%以上，开创了投产纯凝燃气机组改供热的先例。

田金洲：痴呆患者的希望之星

田金洲，1956 年生，北京中医药大学东直门医院副院长。自 2005 年回国至今，田金洲研制了 7 大类 126 个技术参数，使痴呆早期诊断率从 27% 提高到 83%。他发明的中医诊疗方案，被国际大会推荐为 5 种创新疗法之一。他主编了《中国痴呆诊疗指南》，在全国率先实行首诊免费检查，仅 2015 年他就诊治了 4792 人次，受益者逾万。

王曌：中国制造让数万人重见光明

北京榜样 2016

王曌，1981 年生，爱博诺德（北京）医疗科技有限公司技术总监。主导的“高次非球面人工晶体光学设计”，超越了国外同类产品一个代系的技术高度，已转化为质高价廉的、完全自主知识产权的可折叠人工晶体产品，突破了国外垄断。2014 年以来，数万白内障患者因此获益重见光明。五年来参与多项国家级重点项目，获得近二十项专利。

李二伟：变废为宝自制教具 400 件

李二伟，1978 年生，密云区新城子镇中心小学科学教师。1998 年成为科学教师的李二伟发现孩子们很难理解抽象概念，遂萌生用废弃物自制教具的想法。从第一件教具“风的形成”演示箱成功开始，近二十年来他四处“淘”生活中的废弃材料，变废为宝，大大小小不同类型的教具制作了四百余件，其中几十件获科技创新奖；他的十几位学生还荣获了“科技制作小能手”荣誉称号。

李迪：让警徽在反恐一线熠熠生辉

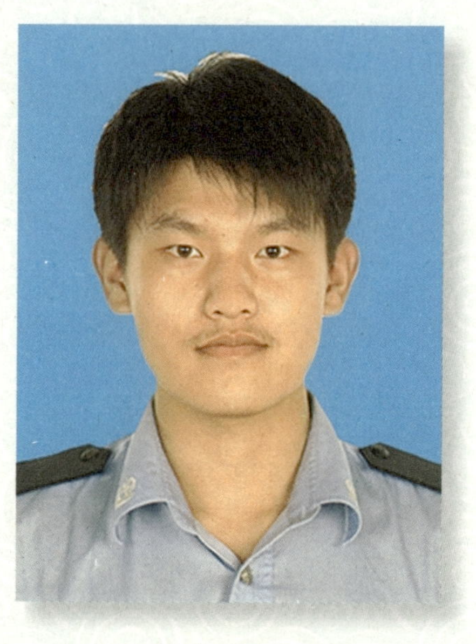

北京榜样
2016

李迪，1985 年生，北京市公安局刑侦总队刑警。2014 年初，他告别新婚妻子奔赴极其艰苦的反恐一线和田，其间处置多起涉恐、涉爆等各类案件一百多起，包括在沙漠环境下追踪、仅 8 小时就勘破的“4 · 1 抢劫强奸案”。新疆维吾尔自治区成立 60 周年大庆前夕，他还协助兵团破获了两起重大案件，立下汗马功劳。

韩志强：援疆韩老师 “北京亚克西”

韩志强，1973 年生，北京市第六十六中学教师。作为墨玉县援疆教师，他深谙使命，不仅大幅提升了班级成绩，还为孩子们心中植入梦想；并主动组织援疆教师深入 16 个乡镇，传授管理经验和教学理念，捐赠教学资料，提升该县教师整体教学水平。他还多次请援疆医生为当地师生治病，群众见他便竖指称赞“北京亚克西”。

郑浩：传说中的IT战警

郑浩，1978年生，北京市公安局网络安全保卫总队二大队政委。他可谓全能型选手，带领团队在虚拟世界打击“黄、赌、毒、黑、拐”；五年来为全国公安机关成功打掉了六百余个服务器在境外的淫秽网站，协助兄弟部门抓获各类赌博人员两千余人，协助禁毒部门破获网络毒品案件429起，帮403个被拐儿童找到家。五年来共形成有效线索四万余条，协助各警种破案超过三万起，战绩卓著。

史春旭：幸福就是永远和学生在一起

史春旭，1972年生，平谷区黄松峪学区教师。担任山区小学教师25年，他带出了一个个成绩优异的毕业班。虽然父亲长年卧病在床，家里所有的事情都要靠他一人打理，但沉重的生活负担，并没影响自己教学工作。关心爱护每一个学生，用真心去对待每一个孩子。他四次放弃了走上领导岗位、走出大山的机会，因为“和学生在一起无怨无悔”。

刘军：最美农民工程师

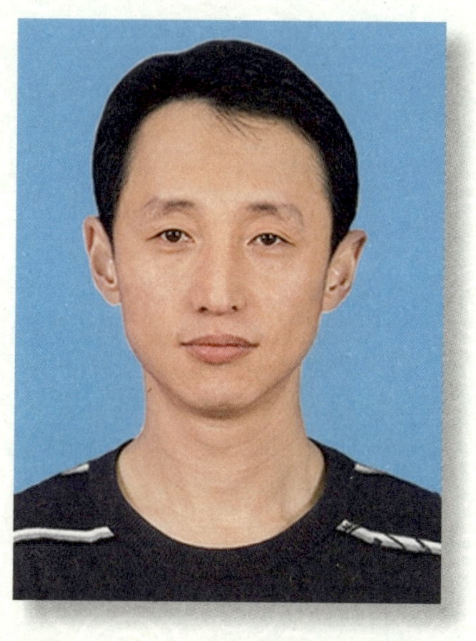

北京榜样 2016

刘军，1976年生，北京基业达电气有限公司研发工程师。由于家境贫寒，他中学辍学到北京打工，其间他从未放弃任何学习的机会，自学了电脑和软件设计，2004年他应聘到基业达公司负责工艺改进，刻苦钻研四个月后，研发出“配电箱永磁装饰面”解决了公司难题，获公司技术创新成果特等奖和国家实用新型专利。没有大学学历的他由此走上研发岗位，已获得四项国家专利。

白松：佩戴国徽的“白大夫”

白松，1967年生，北京市第二中级人民法院审判长。针对渐增的医疗纠纷，她系统补习医学知识以求专业办案，被业界尊称为“白大夫”。十余年来，在该院七百余件上诉的医疗纠纷中，她一人审理的就近三百件且连续多年结案总数第一、平均调解撤诉高达36%，收到锦旗表扬信多件。为客观公正她还组织志愿队进入医院实地感受。

提名奖［孝老爱亲］

韩桂英：柔弱肩撑起 13 口之家

杜凤英：二十年为爱坚守

段玉仙：冰清玉洁军嫂心

王凤双：只缘心中有大爱

韩桂英：柔弱肩撑起 13 口之家

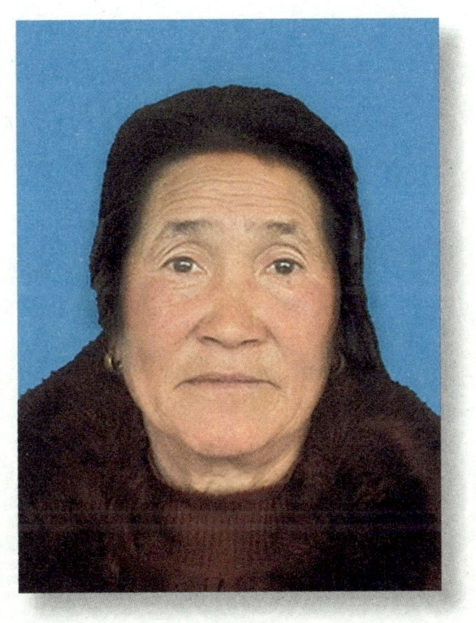

韩桂英，1955 年生，怀柔区长哨营乡长哨营村村民。刚结婚时家徒四壁，两个小叔子一残一哑。她没有嫌弃，悉心照顾公婆，还帮小叔娶了媳妇，之后又一同带大了小叔和自己的两个孩子，带领全家老少包山包地盖起新房。如今子女们相继学成立业，为了照顾年迈的公婆和残疾小叔，坚持分户不分家，13 口人其乐融融。

杜凤英：二十年为爱坚守

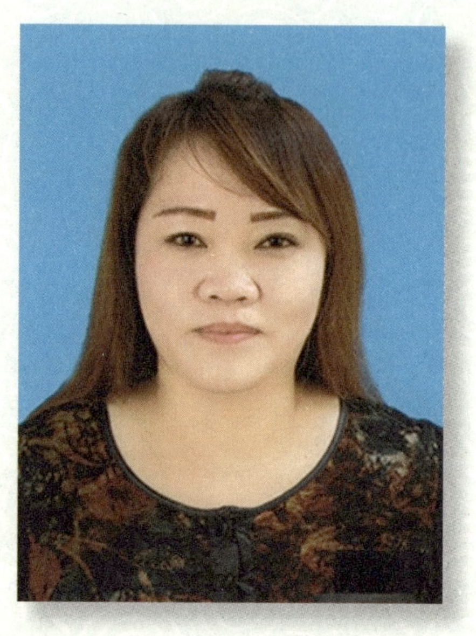

北京榜样
2016

杜凤英，1972年生，怀柔区渤海镇苇店村村民。24岁那年丈夫突然精神分裂，她从此与一个精神病人厮守且独自担当生活的一切。二十年来她用微薄的收入养家、抚育儿子，带丈夫四处求医；平日为丈夫收拾尿布，擦洗身子、喂吃喂喝、陪他说话，没睡过一个安稳觉。

段玉仙：冰清玉洁军嫂心

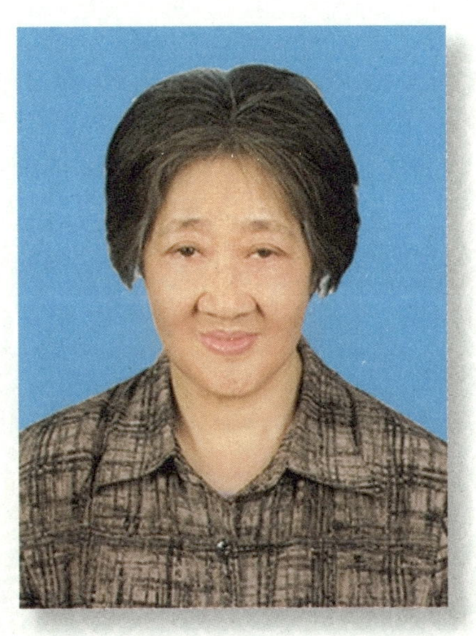

段玉仙，1946 年生，通州区富河园社区居民。她 27 岁时女儿仅四个月大，在石家庄部队做航空飞行教练的丈夫头部重伤成了“植物人”，四个月后虽苏醒但被判定终生不能自理。从噩梦中醒来，段玉仙学中医按摩、学饮食搭配、推轮椅陪他散心、把房间布置得诗情画意，至今她已坚持 42 年。近年来丈夫病情加重，仅穿衣就要半小时，她依然耐心如初。

王凤双：只缘心中有大爱

王凤双，1970年生，怀柔区庙城社区居民。婆婆双目失明腿脚不便卧病在床，吃饭只有王凤双喂才肯吃，她还常为婆婆唱歌逗老人高兴，这一伺候就是10年。更不寻常的是她和丈夫还将非亲非故的孤寡耳聋老人王月接到家中赡养，至今已27年。在老人患严重肺气肿和疱疹期间，他们请医问药悉心照料、端屎端尿直至转危为安。

提名奖［热心公益］

张志伟：公益律师的“无拐梦”

徐春妮：阳光灿烂源于爱心

李　理：用水墨回报自然

陈文森：“绿色离校”回声嘹亮

任永阳：快递小哥的爱心救援

米尔扎提·木莎：让弱势群体如沐春风

闫洪新：自掏腰包开启“爱之旅”

张志伟：公益律师的“无拐梦”

北京榜样 2016

张志伟，1977年生，北京市百瑞律师事务所律师。2008年，他开始参与寻子救助并担任公益法律顾问，义务提供法律咨询两万余次，指导受害人诉讼五百余件，宣传培训一百多场，亲自制定《全国打拐志愿者行为准则》，多项建议被立法采纳。目前，“反拐”志愿者已成功帮助1081个家庭实现了“团圆梦”。

徐春妮：阳光灿烂源于爱心

徐春妮，1978年生，北京电视台节目主持人。她曾获得金话筒奖和金鹰奖等主持人的最高荣誉，因其健康阳光的形象被北京市聘为健康形象大使。她热衷于参与各项公益事业，志愿主持的公益活动多达几百场。她捐建希望教室、资助近七十名贫困学生，还为孩子们添置了电脑、书籍及各种文体用品，捐款累计近二十万元。

李理：用水墨回报自然

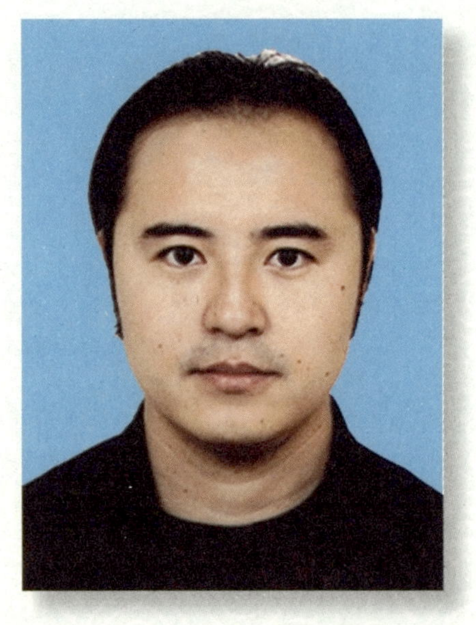

北京榜样 2016

李理，1982 年生，黑豹野生动物保护站站长。2000 年，他就成立了黑豹野生动物保护站，开始用为野生动物和自然环境绘画的方式保护自然；曾因发现国家一级野生保护动物黑鹳巢穴轰动业内。他以画养站良性循环，2007 年成为国际野生生物保护学会中国项目成员；目前已有 12 名志愿者加盟，十余年来保护救助各种野生动物 570 余只。

陈文森："绿色离校"回声嘹亮

陈文森，1989 年生，三岛中融资产管理有限公司品牌部经理。他是"绿色离校·绿色感恩"全国大型环保公益项目的发起人。项目鼓励毕业生离校后，对物品进行回收循环利用，所得资金作为爱心基金用于公益活动，给母校留下一座"绿色校园"。五年时间内，三百多所学校刮起了"绿色离校"风暴，带动了百万学生参与志愿服务。

任永阳：快递小哥的爱心救援

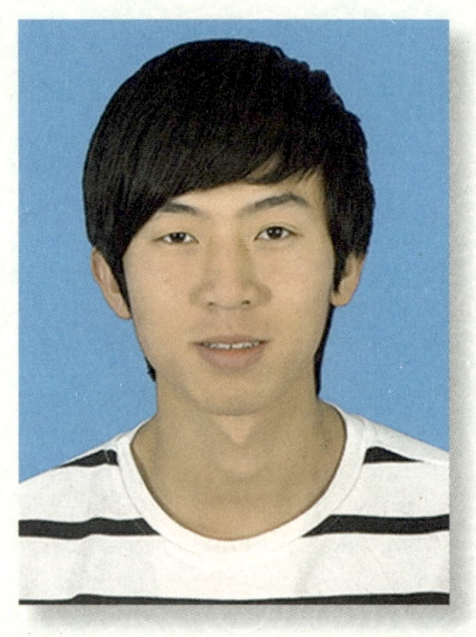

北京榜样
2016

任永阳，1993年生，全峰快递机场一部快递员。“90后”快递小哥2014年发起组建了“北京爱心救援队”，专为在路上行驶发生亏电、扎胎、爆胎的车主提供免费救援。为保持公益的纯洁性，救援队制定严格纪律，还定期开展相关知识培训；目前已有近800位车主加入，百余人配备了专业救援工具，实施救援126起。

米尔扎提·木莎：让弱势群体如沐春风

米尔扎提·木莎，1992年生，中国青年政治学院社会工作专业学生。大学四年来，他倾心公益，服务的群体涵盖外来人口、低保家庭、心智障碍者、听障人士、艾滋病感染者、透析病人等，志愿服务超过一千小时。作为公益社团负责人，他还为社会各类志愿岗位培养输送大学生志愿者近千人次，获得我国青年志愿服务领域的最高奖项。

闫洪新：自掏腰包开启“爱之旅”

北京榜样
2016

闫洪新，1984 年生，门头沟区永定镇冯村村民。2012 年，做服装生意起家的他跨越诸多难题自掏腰包创办了“爱之旅康复中心”，每年自贴资金上百万元义务接收了来自低保单亲和贫困家庭的近八十名残障儿童。如今多数不能自理的孩子，在爱的温暖中已经能够自己走动吃饭上卫生间了。中心还成立了志愿服务总队善举遍布全区。

提名奖［自强不息］

孙桂兰：生命在公益中崛起

北京榜样 2016

孙桂兰，1954 年生，北京抗癌乐园常务理事长。她 40 岁时被确诊为癌症中晚期。在经历了绝望之后，开始致力于社会公益事业，组织募捐、探访病友，参加全国肿瘤防治宣传周活动；并在中科院肿瘤医院设立了抗癌明星康复交流平台，为新患者常年服务逾二十年，成为诸多病友的精神偶像和知心朋友，她自己也成功抗癌 22 年。

赵月：向着太阳努力奔跑

赵月，1992 年生，北京师范大学在读研究生。十几年内，奶奶、父母和继父相继去世，大二那年孤身一人，为了凑生活费，做各种兼职，甚至在严寒中发广告，即便如此从未放弃学业，本科毕业时以综合排名第一的优异成绩保送读研究生。读研期间，经常在实验室工作至通宵，最终成功申请 1 项国家级发明专利，并有多篇论文在核心期刊上发表。

唐占鑫：共扬生命风帆

唐占鑫，1978年生，北京新生命养老助残服务中心主任。因车祸截瘫的唐占鑫走出绝境后，了解到国内脊髓损伤者多数无力康复甚至没钱购买纸尿裤，为帮助脊髓损伤者进行心理和生理的康复，2012年她联系三位病友筹备“中途之家”，花两年时间翻译了《脊髓损伤者生活自助手册》，并建议市长配发卫生用品给伤者并得到采纳。2015年40位伤友参加了她的自助训练营，15人已实现生活自理、3人自主创业。

孙筠友、彭俊周夫妇：医生伉俪感动社区

孙筠友，1930 年生；彭俊周，1930 年生；他们夫妇是朝阳区和平街胜古庄社区居民。孙筠友、彭俊周夫妇退休 28 载坚持为居民义诊、为儿童免费体检，体检儿童已扩至百余人。曾因孙奶奶体检得到及时救治的小于已在美国读博；在体检中发现音乐天赋得到他们资助的哮喘女孩已考入音乐学院声乐系。为身后继续支持医学事业，夫妇俩 4 年前就已办理遗体捐献手续。

后记

《平凡中的力量——北京榜样主题活动五周年人物风采录》是“北京榜样”大型主题活动开展五年来的集中成果展示，为响应《中共北京市委关于开展向“北京榜样”优秀群体学习活动的决定》精神，由人民出版社出版发行。在丛书编辑过程中，我们成立了编委会，统一协调各项工作。为了使本书顺利出版，中共北京市委宣传部、首都精神文明建设委员会办公室、各区县精神文明建设委员会办公室等有关单位给予了大力支持；李恒、夏青、杜维伟、张程、孙旭同志对编辑撰写提供了宝贵的意见；北京艺品联盟文化传媒有限公司做了大量的联络协调工作；人民出版社的领导及其有关同志在编辑出版过程中花费了很大精力；热心公益事业的福建永定籍书法家游鸿增同志为本书题写了书名。在此，对所有参加此项工作并付出劳动的单位和同志们、朋友们致以由衷的敬意和深深的感谢。

由于我们水平有限，书中难免出现疏漏和错误，望请大家不吝指正。

本书编委会

2019 年 3 月